Kurt H. Möller
Hört auf den Stern

Kurt H. Möller

Hört auf den Stern

24 Adventsgeschichten

mediaKern

Bibliografische Information der Deutschen Nationalbibliothek
Die Deutsche Nationalbibliothek verzeichnet diese Publikation in der Deutschen Nationalbibliografie; detaillierte bibliografische Daten sind im Internet über http://dnb.d-nb.de abrufbar.

ISBN 978-3-8429-2601-1

Bestell-Nr. 512 2601

Umschlaggestaltung: Ch. Karádi
Lektorat: Dr. Ulrich Parlow
Satz: Ch. Karádi
Druck: BasseDruck GmbH, Hagen
Printed in Germany 2010

www.media-kern.de

Meinen lieben Eltern
posthum mit Dank
für eine besonnte Kindheit
in trüben, ärmlichen Zeiten

Inhalt

Anstelle eines Vorworts

Hört auf den Stern

Ich bin mit euch gegangen
durch Tage und Nächte
Hitze und Kälte

durch Wüste und Sand
über Berge und Täler
durch Sümpfe und Moor

habe Wolken durchbrochen
und Nächte erhellt
die Sonne geblendet

und Monde ersetzt
mit flimmerndem Schein
und strahlendem Glanz

überzogen Schuld
Leid, Kummer und Not
mit liebendem Blick

der Vergebung und Gnade
des göttlichen Sohns
vom Vater gesandt

Ich bringe das Licht
vom ewigen Herrn
in euer Dunkel der Zeit

Nun nehmt es doch an
das Licht für die Welt
denn sonst war alles umsonst

1 Der Adventsstern im Oktober

»Nach einem nachdenklichen Abend bei einem guten Tropfen war es«, berichtete der alte Camper. »Mit Freunden hatten wir zusammengesessen und die großen und kleinen Themen der Weltgeschichte durchdiskutiert. Natürlich waren wir nicht zu einem einhelligen Ergebnis gekommen. Vielmehr standen die unterschiedlichen Meinungen und Überzeugungen scheinbar unvereinbar, fast trotzig gegeneinander. Es ging auf Mitternacht zu, als wir uns schließlich auf den Weg machten, jeder zu seinem Wohnwagen. Als wir aus dem Vorzelt in die Nacht traten, fanden wir uns unter einem sternenklaren Himmel wieder. Den ganzen Tag war das Wetter wechselhaft gewesen, hatten Wolken und Sonne um die Vorherrschaft gerungen. Nun hatten die Sterne gewonnen um den Preis der Kälte. Drei Grad zeigte das Thermometer.

Unsere Blicke gingen nach oben, wie wir es abends auf dem Weg zum Waschhaus zu tun pflegen. Die Klarheit und Brillanz der Sterne vor einem tiefdunklen Firmament in seiner Reinheit überwältigte uns. Still und ehrfurchtsvoll, fast anbetend schauten wir in die gute Stube des ewigen, heiligen Gottes. Das Gefühl unserer Kleinheit, vielleicht auch menschlicher Erbärmlichkeit nahm Besitz von unserer Seele. Andächtig neigten wir unsere Sinne, während die Blicke fasziniert nach oben gerichtet waren.

Im Nordosten über drei gewaltige Buchen hinweg wanderte ein Lichtschein in die Ferne, bis er ganz im Dunkel des Waldes versunken war. Auf der anderen Seite folgte ihm ein diffuser Lichtkreis, als wenn einer eine riesengroße Taschenlampe in die Himmelswelt gehalten hätte. Drüben im Südwesten, wo die Nachmittagssonne uns sonst die Kaffeestunde vor dem Zeltplatz noch erlaubte, blinkte mit großer Strahlkraft der Abendstern als Gegenüber zu dem geheimnisvollen Licht. Schweigend und andachtsvoll überließen wir uns dem eigentümlichen Schauspiel am nächtlichen Oktoberhimmel.

›Als wäre der Stern von Bethlehem in unsere heutige Welt zurückgekehrt‹, musste ich denken, umgeben vom Lichtschein der Ewigkeit. Mich ergriff ein Gefühl der Ehrfurcht und Anbetung. So nah hatte ich mich den Hirten auf den Feldern von Bethlehem noch nie gefühlt wie in diesem Augenblick unter dem norddeutschen Himmel. So musste es gewesen sein damals: Ein gewaltiges, unbekanntes Licht aus einer anderen Welt, das die Hirten übermannt hatte. Es hätte nur noch die Stimme des Engels ›Fürchtet euch nicht‹ gefehlt und ich wäre auf die Knie gesunken, so ergriffen war ich.

Dass die anderen von Lichtspiegelung oder optischer Täuschung sprachen, einer sogar die Möglichkeit einer Raumstation ins Gespräch brachte, rauschte an meinem Ohr wie ungehört vorbei. Selbst die Vermutung, dass es der Wein gewesen sein könnte, der unsere Sinne genarrt hätte, ließ mich unbeeindruckt. Ich hatte den Stern der Ewigkeit gesehen, vielleicht sogar den Weihnachtsstern, der auf dem Weg war, die Weisen zu suchen, dass sie pünktlich zum Anbeten des Jesuskindes an der Krippe seien.

Still, ganz still ging ich in den Wohnwagen und ließ die anderen mit ihren Vermutungen, die sich immer lauter artikulierten und schließlich in dröhnendem, fast höhnischem Gelächter untergingen, allein. Mich hatte Weihnachten im Oktober erreicht, Grund zum Staunen und Beten.

Seitdem stelle ich bereits im Oktober die erste Adventskerze ins Fenster, auch wenn die Nachbarn über mich lächeln«, schloss der alte Camper seinen Bericht und ging still ins Haus.

Das Weihnachtslicht

Allein, mit bitterem Herzen sitzt er in seiner Stube im Altenheim. Das kleine Weihnachtslicht, liebevoll für ihn von der Heimleitung bereitet, steht unbeachtet auf der Kommode. Was kann das Licht schon ausrichten, wenn es in der Seele stockfinster ist. Es müsste schon ein gewaltiges Licht sein, wenn es in ihm noch einmal hell werden soll. Vielleicht eines von der Größe und Helligkeit des Sterns von Bethlehem, das die Weisen über Monate aus fernen Landen geleitet hatte, bis sie vor dem Kind in der Krippe standen und es staunend anbeteten.

Ach ja, das Kind! Aber das ist es ja. Sein Kind, die einzige Tochter, ist auch einmal lieblich und reizend anzusehen gewesen und andächtig haben seine Frau und er damals staunend vor ihrem Neugeborenen gestanden. Aber das ist lange her. Längst ist sie erwachsen und hat selbst Familie mit Mann und zwei Jungen, die auch schon ihre eigenen Wege gehen. Genauer gesagt: hatte – denn so schnell sie verheiratet gewesen war, so bald war sie auch wieder geschieden. Die Jungen gingen noch zur Schule, als ihr Mann sie wegen einer anderen verließ. Und der neue Freund, den sie bald ins Haus holte, wollte von den alten Eltern nichts wissen. Das Haus, sein Haus gaunerten sie ihm ab. Als der Übergabevertrag unterschrieben war, schoben sie die Mutter und ihn ins Heim ab. Sie starb bald darauf. Das Herz sei zu schwach gewesen, so der Arzt. Der hatte recht. Es war das Herz, aber nicht das leibliche. Das weiß er besser.

Ein paarmal hat die Tochter ihn noch besucht. Das letzte Mal ist nun schon Monate her. Die Enkelsöhne kommen auch nicht mehr, seit er nicht mehr so großzügig mit dem Taschengeld sein kann. Das Heim ist teuer.

Nein, ein Kerzenlicht in einem Adventsgesteck vermag seine Dunkelheit nicht zu durchbrechen. Da lässt er es lieber gleich aus. Überhaupt, was soll er mit Weihnachten, dem Fest der Liebe, anfangen in seiner Verlassenheit? Zur Liebe braucht man ein Gegenüber, einen Partner. Der Alte kriecht noch tiefer in seine Einsamkeit hinein.

Nun ist er doch tatsächlich ein wenig eingeschlafen und träumt von früheren Heiligen Abenden. Damals, als sie zusammen gefeiert haben in der großen Diele in seinem Haus, in dem schon sein Großvater Weihnachten gefeiert hat. Er schmeckt Mutters Kartoffelsalat und den Stollen. Er liest noch einmal die alte Weihnachtsgeschichte, und die Enkel spielen »Stille Nacht« auf der Blockflöte, von ihrer Mutter am Klavier begleitet. Bei der zweiten Strophe singen er und seine Frau kräftig mit. Er überlässt sich der Melodie.

Aber die kommt nicht aus der Erinnerung, sondern vom Flur. Er reißt die Augen auf. Da stehen die beiden Enkelsöhne und spielen wie damals als Kinder auf den alten Flöten das Weihnachtslied. Auch der dritte Ton in der zweiten Zeile ist wieder falsch: »B musst du spielen, B.« Er ist aufgesprungen, so gut es die müden Knochen zulassen. Kaum wartet er den letzten Ton ab, um die großen Kleinen in den Arm zu nehmen.

Und dann sitzen sie alle um den runden Tisch, den Rauchtisch aus seinem Zimmer von zu Hause, und erzählen von früher und von den Plänen für morgen.

Der alte Großvater sucht die Streichhölzer aus der Kommodenschublade und zündet die kleine Kerze an, liebevoll für ihn von der Heimleitung bereitet. Ihr Licht ist fast so hell wie der Stern von Bethlehem und erleuchtet nicht nur die Stube, sondern sein Schein reicht bis tief in die Seele des Alten.

3 Das Tannenurwaldraupentier

»Wir brauchen noch einen Weihnachtsbaum. Wer kommt mit – am Samstag wollen wir zu Förster Köhler. Der steht dann mit seinen Bäumen auf dem Wochenmarkt und macht uns sicher wieder einen guten Preis. Wie viele Bäume brauchen wir denn?«

Mit dieser Frage leitete der Heimleiter das Ende des Frühstücks ein und setzte eine muntere Gesprächsrunde in Gang. Alle redeten fröhlich drauflos.

»Gibt es wieder für jede Gruppe einen eigenen Baum?«

»Natürlich.«

»Und einen großen für die Eingangshalle? Dann brauchen wir fünf.«

»Für unsere Zimmer auch?«, fragten die Erzieherinnen nach. »Dann kämen noch zwei dazu.«

»Und einen für die Heimleiterfamilie, also acht insgesamt.«

Natürlich wollten die Jungen alle mit und eine Herrentour machen, wie sie sagten. Einige wussten noch vom letzten Jahr, dass der Heimleiter mit ihnen auch über den Weihnachtsmarkt gehen würde, Bratwurst und gebrannte Mandeln eingeschlossen. Die Mädchen wollten unterdessen den Christbaumschmuck vom Boden holen und neue Strohsterne basteln, natürlich bei Kakao und Plätzchen. Das alles gehörte zur Adventszeit dazu.

Endlich waren die Bäume ausgesucht, der günstige Preis ausgehandelt. Die große Tanne für die Eingangshalle gab es sogar umsonst. Gestärkt durch Schmalzkuchen, Currywurst und Pommes, trat die Gruppe den Heimweg an. Immer zwei Jungen fassten das untere Stammende und einer von beiden die Spitze des Baumes vor ihnen. Eine lange Tannenbaumschlange setzte sich in Bewegung, der Heimleiter vorneweg. Es brauchte eine Weile, bis die ganze Truppe geordnet unterwegs war. Zunächst ging es durch die Fußgängerzone der Innenstadt und über den Bahnhofsvorplatz. Dann kreuzte ihr Weg die Hauptstraße. Ein freundlicher Autofahrer, der die Träger des ersten Baumes erblickte, hielt an und bedeutete ihnen, die Straße zu überqueren. Er hatte den Fuß schon von der Bremse auf das Gaspedal geschoben und spielte mit dem anderen Fuß auf der Kupplung, um gleich wieder durchzustarten. Schließlich hatte auch er noch einige Vorbereitungen für das Fest zu treffen. Aber dann kamen noch sieben Bäume mit doppelt so vielen Trägern, vierundzwanzig Meter Tannenbaum ...

Wie ein Tausendfüßler mit Hühneraugen bewegte sich der merkwürdige Weihnachtszug durch die Stadt, immerhin drei Kilometer bis zum Kinderheim »Glockenheide«. Und das alles im Schrittmaß des Bordsteinwalzers, immer ein Fuß auf dem Bordstein und den anderen auf der großen Straße. Als dann der Heimleiter noch anfing, bei jedem dritten Schritt einen kleinen Hopser zu machen, und alle Jungen mehr oder weniger gekonnt seinem Beispiel folgten, überzeugte das merkwürdige Tannenurwaldraupentier die erstaunten Passanten davon, dass es nicht aus dieser Zeit stammen könne, sondern aus einer längst vergangenen Urgeschichte wieder auferstanden sein müsse.

Und bis die Tannenbaumträger endlich eine Straße überquert hatten, war jedes Mal eine ebenso lange Autoschlange entstanden, die mit einem Hupkonzert den eigentümlichen Wandertakt begleitete. Nicht alle Töne klangen fröhlich und heiter, manchen hörte man den Ärger ihrer Urheber an, obwohl die Adventszeit doch eine fröhliche sein sollte. Da die Jungen beide Hände zum Tragen benötigten, winkte nur der letzte den Autofahrern einen Gruß des Dankes zu – und der kam aus aufrichtigem Herzen!

Clemens begegnet dem Christkind

Clemens – er hat mir die Geschichte so oder so ähnlich selber erzählt – mochte etwa fünf Jahre alt gewesen sein. Bei ihm zu Hause kannte man keinen Weihnachtsmann. Für die Geschenke am Heiligen Abend war das Christkind zuständig, so hatte es einen festen Platz im Kopf und noch mehr im Herzen der Kinder. Auch Clemens liebte und verehrte und vor allem glaubte an das Christkind. Nicht so, dass es nur als Märchenfigur, wie Hänsel und Gretel, in seiner kindlichen Fantasie zu Hause gewesen wäre. Sondern so, dass er es als Wirklichkeit in sein Leben einbezogen hatte, besonders in der Vorweihnachtszeit. Denn schon im Oktober schaute es auf die Kinder, um von deren Gehorsam und Fleiß die Erfüllung der Weihnachtswünsche abhängig zu machen. Die Mutter hatte nämlich das Christkind als zwar lieben, aber dennoch genauen Aufpasser in ihr Erziehungskonzept aufgenommen und Clemens empfohlen, es nicht zu enttäuschen oder gar zu verärgern. Unwahrheiten und heimlichen Ungehorsam könne es am wenigsten vertragen, hatte Clemens verstanden. Und was ihm am meisten Kummer machte: Es wollte sich auf gar keinen Fall sehen lassen. Aber genau das war Clemens' heimlicher Wunsch – das Christkind einmal bei seiner Arbeit zu belauschen, wenn es sich in den Tagen vor dem Heiligen Abend in der Stube zu schaffen machte, wo seit dem vierten Advent der Zutritt streng verboten war. Das Christkind indessen würde sofort alles einpacken und wieder in seine Himmelswolkenwerkstatt entschweben, wenn es jemand wagte, es zu belauschen.

Clemens hatte diese Ankündigung der

Mutter noch neugieriger auf das Christkind gemacht. Wenn er abends im Bett lag und nach dem Abendgebet und Gute-Nacht-Lied noch nicht einschlafen konnte und er es dann hinter der Stubentür rascheln und klappern hörte, dann erstand vor seiner kindlichen Seele ein Bild des Christkinds. Wie ein Engel schwebte es durch die Welt, mit blonden Locken und weißem Gewand. So ähnlich wie die »himmlischen Heerscharen« in ihren langen weißen Nachthemden, mit einem Goldreif im Haar und silbernen Pappflügeln auf dem Rücken, die jedes Jahr mit süßem Gesang beim Krippenspiel einzogen. Über solchen Gedanken schlief er schließlich ein und träumte vom Christkind. Die Spannung und seine Neugier aber nahmen mit jedem Tag zu.

Schließlich der Tag vor dem großen Fest! Noch früher als sonst musste Clemens ins Bett. Mit dem Hinweis, dass es morgen ohnehin später würde, hatte die Mutter seinen Protest beendet, und im Übrigen habe das Christkind ja auch noch einiges zu tun, bei dem es keine neugierigen kleinen Kinder brauchen könne. Noch einmal strich sie ihm über die blonden Locken, die ihm lustig über die Ohren und in die Stirn hingen, sodass er in seinem Nachthemdchen fast selber wie ein Engel aussah. Dann machte sie das Licht aus und verschwand hinter der Tür zur Stube.

Clemens sah unter der Tür den Lichtschein hindurchschimmern und träumte sich alles Mögliche zurecht, was dort in der Stube wohl geschehen mochte. Ob das Christkind schon da war und die Geschenke und den Weihnachtsbaum richtete? Oder war die Mutter noch am Tun, wie es auch sonst ihre Art war? Manchmal lief ein Schatten durch den Lichtschein. Das musste die Mutter sein, denn das Christkind brauchte sicher nicht auf dem Fußboden hin und her zu laufen. Das konnte hin und her huschen, wie es gerade nötig war, sogar durch geschlossene Wände und Türen. Wenn es doch ein einziges Mal in sein Zimmer schauen würde, dann wollte er auch gleich einschlafen. Aber so lange musste er wach bleiben, um es nicht zu verpassen. Er feuchtete sich ein ums andere Mal die Augenlider mit Spucke an, um den Schlaf zu vertreiben. Das half aber alles nichts. Irgendwann hatte die Müdigkeit ihn übermannt und alles, was er sich im Wachsein vorgestellt hatte, begegnete ihm nun im Traum wieder. Da sah er das Christkind, zart und lieblich im weißen Gewand mit blonden Locken und einem Goldschein über dem Haar, den Christbaum schmücken. Vor Aufregung wachte er auf. Da war alles dunkel, auch der Lichtschein unter der Tür war verschwunden. Clemens richtete sich im Bett auf, rieb sich die Augen und versuchte, die Nacht mit den Blicken zu durchdringen. Aber so weit und groß er auch die Augen aufriss, es blieb finster. Vorsichtig tastete er sich zur Tür und knipste das Licht an. Einen Augenblick blendete ihn die Helligkeit. Dann, wenn auch ängstlich und mit schlechtem Gewissen, drückte er behutsam die Klinke herunter und zog die Tür ganz langsam auf, den Rücken der Stube zugewandt, sodass das Christkind, wenn es denn da wäre, ihn nicht gleich sehen könnte. Erst als die Tür ganz geöffnet war, drehte er sich mit einem Ruck um, schaute in das Wohnzimmer und traute seinen Augen nicht. Aus dem gegenüberliegenden Fenster kam ihm das Christkind entgegen, blond gelockt und weiß gewandet und in einem hellen Licht, einem Heiligenschein gleich. Mit ebenso großen Augen wie er selbst schaute es ihn staunend an. Clemens lächelte ihm zaghaft zu und winkte ganz behutsam mit der Hand hinüber. Im selben Moment erwiderte das Christkind seinen Gruß und lächelte freundlich zurück. Wie verzaubert stand er da. Er träumte wohl immer noch und gleich würde er aufwachen und alles wäre vorbei. Er schloss die Augen, um den Traum festzuhalten. Nach einer ganzen Weile erst wagte er, ganz langsam die Augen wieder zu öffnen. Da stand das Christkind immer noch mit staunendem Blick ihm gegenüber. Clemens machte eine kleine Verbeugung, wie er es zur Begrüßung von Tanten und Onkeln gelernt hatte. Das Christkind neigte ebenfalls sein Haupt. Dann ging er, immer noch leicht gebeugt, zurück in sein Zimmer. Der himmlische Gast zog sich in gleicher Weise in seine Welt zurück. Beseligt kroch Clemens unter seine Bettdecke. Er war dem Christkind begegnet. Mochte es nun Weihnachtsgaben geben oder nicht. Alle Geschenke der Welt könnten diese Begegnung nicht aufwiegen.

»Wird Christus tausendmal zu Bethlehem geboren und nicht in dir, du bleibst noch ewiglich verloren.« Dieser Ausspruch von Angelus Silesius hatte für Clemens eine ganz eigene Bedeutung bekommen.

Dass er dem Christkind in seinem eigenen Spiegelbild begegnet war, begriff er erst viele Tage nach jenem Weihnachtsfest.

Euch ist heute der Heiland geboren

»Krebs im Endstadium, untherapierbar, Lebenserwartung drei bis höchstens sechs Monate, wahrscheinlich wird er Weihnachten nicht mehr bei uns sein.« Ihre Stimme klang erschöpft und zerbrechlich wie ein zersprungenes Glas. Meine alte Jugendfreundin ließ nach dieser Mitteilung ihren Tränen freien Lauf. Sie, die immer die Starke gewesen war, deren Glauben ich immer bewundert hatte und zum Vorbild genommen, nun war sie am Ende. Ihr Sohn, ihr einziger, ihre Hoffnung, ihr Lebenssinn, er, der nie geraucht hatte: Lungenkrebs, hoffnungslos zum Sterben verurteilt. Und noch drei Monate bis Weihnachten.

»Gott, wo bist du?«, war mein erster Gedanke. »Wie kannst du das zulassen? Sie braucht ihn doch. Nicht nur sie, sondern auch seine Frau und die zwei Kinder, von denen der Ältere im Sommer in die Schule kommen soll. Wo bist du, Gott?«

Ich war nicht der Einzige, den solche Fragen und Zweifel bewegten, ob es den lebendigen Gott, dem ich mein Leben im Glauben anvertraut hatte, ob es ihn denn wirklich gebe. Und dennoch versprach ich zu beten; nicht nur für ihren Sohn, sondern auch für die ganze Familie, dass sie die Kraft haben möge, das zu tragen, was Gott ihnen zumuten wollte. Denn ändern ließ sich wohl nichts mehr. Die medizinischen Befunde waren zu eindeutig und endgültig. Vor dieser Wahrheit musste auch der Glaube kapitulieren und akzeptieren, dass auch er seine Grenzen habe. Aber dass er stark genug sein möge, um an den unausweichlichen Tatsachen nicht zu zerbrechen, war der Inhalt meiner Gebete. Die Hoffnung auf Heilung hatte ich von vornherein aufgegeben, obwohl ich selbst nach drei Krebsoperationen die Erfahrung einer wundersamen Wendung der Krankheit gemacht hatte. Ich war immerhin therapierbar gewesen. Aber er?

Nein, es war besser, Gott mit der Bitte um Unmögliches nicht in den Ohren zu liegen. Schließlich gehörte es sich auch für Christen, den Realitäten des Lebens nüchtern ins Auge zu sehen, auch wenn dieses Leben das Sterben mit einschloss.

Ich wagte in den folgenden Tagen und Wochen kaum, nachzufragen, wie es gehe. Ich wusste ja selbst, wie schmerzlich Fragen sind, auf die es keine hoffnungsvollen Antworten gibt. Dann lieber Schweigen; ein Schweigen, das weniger wehtut als hilfloses Gestammel mit schmerzenden Fragen. Da ist es leichter und weniger bedrückend, seinen Namen jeden Tag der Barmherzigkeit Gottes zu empfehlen und still für sich zu hoffen, dass das

Ende möglichst rasch und schmerzfrei kommen möge.

Dann zum zweiten Advent eine Nachricht auf dem Anrufbeantworter mit der Bitte um Rückruf. Nun ist es so weit. Ihre Stimme hört sich fest und sicher an. Nun ja, sie hat damit gerechnet; nur keine Schwäche zeigen. Noch schlimmer als der Tod ist das Mitleid, das rituelle, geordnete Mitleid, ein Mitleid, das das wirkliche Mit-Leiden mit all seiner Hilflosigkeit und Ohnmacht ausschließt.

Zögernd, auf alles gefasst, wähle ich ihre Nummer. Ein passendes Wort aus der Bibel habe ich mir zurechtgelegt. Ich will vorbereitet sein. »Herr, gib mir die rechten Worte.«

»Es ist alles gut«, sagt sie, als sie am Telefon meine Stimme erkennt.

»Hat er es überstanden?«

»Ja, der Arzt hat keine Krebszellen mehr festgestellt. Er kann es selbst nicht fassen. Nur ein Chemotherapie-Zyklus, das hat es noch nie gegeben.«

Ich fange an zu begreifen, dass der Krebs am Ende ist, keineswegs das Leben. Wer hätte das gedacht? Ich nicht! Meine stotternden vorbereiteten Trostworte kann ich vergessen. Gott hat gehandelt über mein Bitten, mein ungläubiges Bitten hinaus. Er hat noch eine Spanne Leben hinzugelegt. Preist mit mir den Herrn. Lobt mit mir den Gott der Väter.

Euch ist heute der Heiland geboren – und mit ihm der Sohn meiner Jugendfreundin. Halleluja!

Die Botschaft der Nikoläusin

Er war erst einige Tage hier im Haus und fand sich nur mühsam zurecht in der fremden Umgebung, in der er nun in den kommenden Monaten seine Sucht überwinden sollte. Zum eigenen Wollen brauchte es noch eine Weile. Vorerst hatte ihn sein Arbeitgeber hergeschickt. Jahrelang hatte er seine Trinkerei erst verharmlost und dann verheimlicht. Zuletzt ging es nicht mehr. Die Arbeitsausfälle und Fehltage waren zu offensichtlich geworden. So hatte er sich dem Druck, genauer gesagt: der Kündigungsdrohung des Chefs gebeugt und einer Entziehungskur zugestimmt.

Hier am Rande des Wietingsmoores, wo es außer einem kleinen Laden und den Wohnungen der Mitarbeiter nichts gab als nur Trinker oder »Saufbrüder«, wie sie sich selbstironisch nannten, sollte es einen Neuanfang geben. Versteckt hätte er sich am liebsten, aufgegeben und Schluss gemacht. Alles war danebengegangen, sein Lebensentwurf misslungen, wie sein Therapeut seine Lebensgeschichte treffend zusammengefasst hatte. Schon in der Schule war er als Heimkind nur rumgeschubst worden und verlacht wegen seiner »unmöglichen Klamotten«. Mit den Mädchen später hatte es auch nicht geklappt. Zwei uneheliche Kinder inklusive Unterhaltsforderungen waren das Ergebnis, sonst nichts. Der Versuch einer Ehe war ebenfalls gescheitert. Seine Frau hatte ihn wegen eines anderen verlassen, von jetzt auf sofort. Unterhaltsschulden, Lohnpfändungen und Arbeitsplatzverlust. Dann fing die Trinkerei an. Nein, mit ihm war nichts los.

Und nun war er hier, pünktlich zum Advent, der Zeit der Ankunft, des Neubeginns.

Nicht nur des neuen Kirchenjahres, sondern auch des Lebens, hatte der Pastor in seiner Wochenschlussandacht vor ein paar Tagen gesagt. Neubeginn, wie sollte das wohl gehen, mit wem denn, mit ihm, den keiner wollte, der von allen gemieden wurde, mit dem es keiner aushielt? Eine letzte Chance war ihm geblieben mit dieser Kur. Aber sein Arbeitgeber brauchte wahrscheinlich nur einen letzten triftigen Grund, um ihm arbeitsrechtlich einwandfrei kündigen zu können, wenn die Kur ohne Erfolg bleiben sollte.

Seine Gedanken und Selbstvorwürfe ließen ihn auch nachts nicht zur Ruhe kommen. Morgens um vier hatte er noch kein Auge zugemacht. Als er über den halbdunklen Flur zur Toilette ging, traute er seinen Augen nicht. An jeder Zimmertür hing eine bunte Nikolaustüte, auch an seiner eigenen. Eine Nikolaustüte für ihn?! Das hatte er noch nicht einmal in der

Schulzeit erlebt. Wer mochte das gewesen sein, der für ihn und die anderen »misslungenen Lebensentwürfe« seine Nachtruhe opferte, um Nikolaus zu spielen? Behutsam schlich er den Flur entlang, öffnete die Tür zum Treppenhaus und stieg in den ersten Stock hinab. Er konnte noch schnell in der Fensternische verschwinden, um nicht mit der Hausmutter zusammenzutreffen. Sie also, die sonst halbtags im Sekretariat saß und nachmittags ihre kleinen Kinder versorgte, sie war extra für ihn – so empfand er es – drei Stunden früher aufgestanden. Sie hätte die Tüten auch vom Küchenpersonal jedem an die Kaffeetasse stellen lassen können, überlegte er später beim Frühstücken. Hatte sie aber nicht. Wann hatte er das zuletzt erlebt, dass jemand für ihn aus freien Stücken etwas tat, ohne von ihm etwas zurückzufordern?

Mit diesem Nikolaus-Erlebnis begann

sich das fremdbestimmte Sollen der Entziehungskur in ein eigenes Wollen zu verändern.

Als er nach Jahren der »Trockenheit« diese kleine Geschichte in unserer Abstinenzgruppe erzählte, begriffen wir etwas davon, dass es nicht die großen Geschenke und materiellen Werte sind, die den Menschen verändern und reich machen, sondern die kleinen, scheuen Liebesgaben, die im Verborgenen geschehen. Sie machen den Sinn von Advent und Weihnachten aus.

7
Ein Stern strahlt in die Weite

Er hätte auf sie hören sollen und in der Stadt bleiben. Eindringlich hatte sie ihn gewarnt, noch heute Morgen am Telefon. Das Wetter würde schlechter werden, das Fernsehen habe eine Sturmwarnung durchgegeben.

»Ach, die übertreiben doch immer, am Ende ist es nur halb so schlimm.« Sollte er etwa am Heiligen Abend auf seiner Studentenbude allein Weihnachten feiern? Ohne sie?

Das bisschen Schnee, was machte das schon. Er hatte schon ganz andere Fahrten überstanden. Vor zwei Jahren mit dem Moped, das war auch kein Vergnügen gewesen im Dauerregen. Dagegen war der alte Käfer geradezu eine Luxuslimousine, wenn der auch einiges mehr an Jahren auf dem Buckel hatte als er selber. Hauptsache trocken und warm, alles andere spielte keine Rolle.

So war er gestartet, fröhlich und guter Dinge. Und nun das. Er spürte einen ziehenden Schmerz im rechten Bein, das linke war ganz taub. Wenn er nur ein wenig sehen könnte. Aber die Lampen waren erst immer schwächer geworden und schließlich ganz ausgegangen. Mit der linken Hand hatte er die Wolldecke vom Rücksitz gezogen und sich damit zugedeckt. So gut es mit der einen Hand gehen wollte. Die rechte war verdreht und eingeklemmt zwischen der Rückenlehne des Beifahrersitzes und dem Armaturenbrett. Wenn er sich nicht bewegte, war es auszuhalten mit den Schmerzen. Nur nicht einschlafen; das wäre der sichere Tod.

Wie lange mochte er so schon gelegen haben? Ob sie wohl schon aus der Kirche zurück waren?

Ich steh an deiner Krippe hier, oh Jesu, du mein Leben.

»Nein, nein, ich liege hier im Straßengraben und warte auf mein Ende.«

Im Handschuhfach lag das Handy, aber das war auf der rechten Seite.

Euch ist heute der Heiland geboren.

Ja, für die Hirten in Bethlehem, vielleicht noch für die fromme Gemeinde in der Kirche. Aber für ihn? Kopfüber, eingeklemmt am Rand der Chaussee?

»Wo ist der Stern der Hoffnung?« Da – der wievielte mochte es gewesen sein, der Stern? Das Fernlicht der vorüberrauschenden Autos.

Dr. Voges schlug den Mantelkragen hoch, der Schneefall war kräftiger geworden. Die alte Martha Fuchs, Vösschen, wie sie von allen liebevoll im Dorf genannt wurde, wollte mal wieder sterben. Aber nach einer kräftigenden Spritze war sie friedlich eingeschlafen. Nun wollte er nur noch nach Hause in die warme Stube, die Füße hochlegen, einen Grog. Zur Kirche war es ohnehin nicht mehr zu schaffen.

Er hatte Bereitschaftsdienst, aber morgen war der Kollege dran, dann war auch für ihn Weihnachten. Kräftig schritt er aus. Sein Fahrrad hatte er bei Vösschen stehen lassen. Die zwei Kilometer schaffte er besser ohne, bei dem Schnee. Soweit es ging, verzichtete er auf das Auto, sonst kam man ja gar nicht an die Luft.

Es ist für uns eine Zeit angekommen …
Durch den Schnee, der leise fällt …

Leise summte er vor sich hin. Jetzt noch die kleine Senke, dann war er zu Hause. Rechts und links der Straße hatte der Winterdienst den Schnee zu kleinen Mauern zusammengeschoben. Aber dort war die Mauer durchbrochen. Dr. Voges folgte mit der Taschenlampe der Spur, die der alte Käfer hinterlassen hatte. So fand er schließlich Auto und Fahrer. Arzttasche und Handy hatte er ja dabei.

Er wachte erst im Krankenhaus wieder auf, eingegipst und ohne Schmerzen. Der Stern, der schwankend und suchend von der Straße auf ihn zugekommen war, war das Letzte, was er noch wahrgenommen hatte, bevor alles um ihn und in ihm dunkel geworden war.

Ein Stern strahlt in die Weite in dunkler Nacht, der hat uns Freude ins Herz gebracht.

Er sang dieses Chorlied immer wieder und hat es sein Leben lang nicht vergessen.

Die Weihnachtsdose

»Herzlich willkommen. Nur herein, treten Sie näher.« Mit freundlichem Lächeln und einer einladenden Handbewegung winkt Sören den Gast zu sich heran. Zögernd, etwas unsicher folgt der Fremde der Einladung. Sein Begleiter, der nicht ganz unbekannte Schriftsteller Harms, der sich besonders durch seine doppelbödigen, gleichnishaften Texte einen Namen gemacht hat, schiebt ihn mutig in den Kreis der Maler und Bildhauer, die sich immer am ersten Dienstag im Monat zu ihrem Künstler-Stammtisch hier in der »Alten Mühle« treffen.

Sören, der ungewählte, dennoch allseits respektierte Vorsitzende, mehr Sammler und Mäzen denn Künstler, obwohl es einige ganz akzeptable Grafiken von ihm gibt, wird als sachkundiger Gesprächspartner gerne um sein Urteil gebeten, besonders wenn die jungen Nachwuchskünstler sich mit ihren ersten Werken an die Öffentlichkeit wagen.

Heute aber steht die Arbeit eines Werbemalers zur Diskussion, eine Dose, eine Weihnachtsdose, die ihr Künstler, der junge Jörg, mutig auf den Tisch stellt. Nicht sehr groß, vielleicht gerade so, dass eine Packung Spekulatius und ein paar Pfeffernüsse für den Nachmittagstee darin Platz haben. Aus Weißblech, geschwungene Form mit Deckel und Griffkugel aus Kunststoff.

Bemalt und künstlerisch gestaltet mit feinen Linien und zarten Farben, fast ein bisschen verspielt, wie von gestern. Tannenbaum mit Kerzen, Kugeln und bunten Holzfiguren aus dem Erzgebirge zieren die eine Seite. Gegenüber schweben Engel mit goldenen Flügeln auf weißen Wolken durch den blauen Himmel. Der Stern beleuchtet den verschneiten Weg der Heiligen Drei Könige, die auf ihren Kamelen vor den Hirten her zum Stall nach Bethlehem ziehen. Dort warten Maria und Josef inmitten von Ochs und Esel vor der Krippe mit dem allerliebsten Jesuskind auf die weiteren Ereignisse. Ganz in der Ecke schleicht sich verschämt der Wirt davon, der der Heiligen Familie nur den zugigen Stall zugewiesen hat. Alles zusammen eine Weihnachtsidylle, wie sie Jahr um Jahr den Menschen vorgegaukelt wird, um sie von der wahren Weihnachtsbotschaft abzulenken.

Mit einer Haltung aus Stolz und banger Frage schaut Jörg in die Runde eitler Künstler. Werbegrafik und Verkaufsverpackung beim Künstlertreff, ob er sich das gut überlegt hat?

Etwas gönnerhaft, mit ein wenig Ironie wird das Werk in Augenschein genommen. So recht weiß keiner etwas damit anzufangen. Bislang waren abstrakte Malerei oder moderne Literatur vorgestellt worden. Aber nun eine weihnachtliche Idylle auf einer Keksdose?

Schließlich stellt der Gast unvermittelt die Frage: »Wofür soll sie gut sein, die Dose?«

»Das ist doch egal. Es geht um die künstlerische Verpackung.« Sören will dem jungen Kollegen helfen.

»Ja, ja«, pflichtet der ihm bei, »bei Kunst geht es um die Gestaltung, nicht um den Inhalt.«

»Aber wenn Sie eine Dose bemalen, müssen Sie doch wissen, was da drin ist oder da reinsoll.« Der Fremde gibt nicht nach.

»Gefällt Ihnen denn die Dose nicht?«, fragt Jörg zurück.

»Doch, doch, aber nur die Hülle ist mir zu wenig. Auf den Inhalt kommt es an.«

»Auf den Inhalt? Ist denn das ganze Weihnachtsfest nicht nur Verpackung? Die Geschichte von Bethlehem ist doch auch nur Dekoration. Der Inhalt von Weihnachten spielt doch gar keine Rolle mehr in unserer Zeit. Das Drumherum, freie Tage, gut essen und trinken, Kurzurlaub, Skifahren oder Mallorca, Geschenke, das ist es, was Weihnachten heute ausmacht. Glauben Sie wirklich, da fragt noch einer, was in Weihnachten drin ist?«

Einen kurzen Augenblick herrscht Schweigen in der Künstlerrunde.

»Ich sollte eine Weihnachtsdose gestalten, was da nachher reinkommt, wird später entschieden. Fest steht nur, dass es nicht zu teuer sein darf, denn die Dose ist schon teuer genug. Vielleicht wird sie sogar leer verkauft. Jedenfalls sieht sie auch ohne Inhalt sehr dekorativ aus.«

»Weihnachten ohne Inhalt? Ohne das Eigentliche, die Menschwerdung Gottes, die uns Hoffnung fürs Leben und Sterben gibt?« Der Gast fragt es leise in den Raum, schüttelt den Kopf und setzt sich still zu Harms.

9 Fremde waren es in Bethlehem

Zeitig war er in die Christvesper gegangen, um einen ordentlichen Platz zu bekommen, sodass man alles sehen und hören könnte, ohne von herumlaufenden Kindern zu sehr gestört zu werden.

Ein Krippenspiel sollte aufgeführt werden: »Ein modernes, eines, das die Probleme unserer Zeit aufnimmt«, hatte der junge Pastor vor ein paar Tagen gesagt. Als ob die alten Krippenspiele nicht mehr in unsere Tage passten. Ging es jetzt auch schon an Weihnachten mit der modernen Theologie los und mit Predigten über Politik, Gesellschaft und Klimakatastrophe? Selbst die Weihnachtszigarre gönnten sie einem nicht mehr, diese jungen Chao… – nein, das durfte er nicht zu Ende denken, nicht am Heiligen Abend in der Christvesper in der dritten Reihe in der Kirche. Auch wenn er recht hatte. Natürlich hatte er recht!

Da waren sie eingezogen, die Mitspieler. Die Konfirmanden, die Jugendgruppe und der Kindergottesdienst hatten es gemeinsam vorbereitet, das Krippenspiel. So war es angekündigt worden. Das konnte ja gar nicht gut gehen.

Natürlich! Allen voran gingen zwei Fremde, die hatten tatsächlich ein richtiges Kleinkind bei sich, konnte schon fast laufen. Als ob es nicht genug eigene Gemeindekinder gebe für das Spiel. Nicht nur fremd, sondern fremdländisch sahen sie aus, mit langen Gewändern, wie man Ägypter aus »Aida« kannte, kraushaarig und dunkelhäutig, mit Armreif und barfuß in Sandalen. Und das zu Weihnachten – »... mitten im kalten Winter wohl zu der halben Nacht«.

Früher war Josef, in eine Wolldecke gehüllt, auf eine Bohnenstange gestützt und

Vaters ausgebeulten Hut auf dem Kopf, mit einer sanften Maria ganz in Blau und mit blassem Gesicht in die Kirche eingezogen. Aber jetzt musste ja alles ganz besonders natürlich und echt sein. Hauptsache neu und ungewohnt, möglichst weit vom Herkömmlichen entfernt. Als wollte man gerade die regelmäßigen und treuen Gottesdienstbesucher schockieren.

Denn dass sie, die Sonntag für Sonntag in die Kirche kamen und wohlvertraute Klänge und Töne erwarteten, sich ärgerten, war doch klar. Er selbst, seit fast zwanzig Jahren Hauptpastor in dieser Gemeinde, ärgerte sich ja schon.

Und da ging das Spiel auch schon weiter. Aber den Josef kannte er doch, den hatte er schon einmal gesehen. Das Gesicht war ihm bereits begegnet, auch wenn es jetzt eingerahmt war von diesem ägyptischen Gewand und Kopftuch.

Richtig! Nein, das durfte doch nicht sein! Das war ja der junge Türke, der Sohn von dem Gemüsehändler am Markt. Nein, das ging zu weit. Der war doch Moslem, gehörte gar nicht zur Gemeinde. Durfte der denn in einer evangelisch-lutherischen Kirche den Josef spielen?

Und Maria? Tatsächlich, dieser kleinen, rundlichen Polin, die vor knapp einem halben Jahr mit ihrem Kind, wohl unehelich geboren, in das Schlichthaus eingezogen war, hatte man diese Rolle anvertraut. Der Skandal im Kirchenvorstand war vorprogrammiert.

Das Spiel nahm seinen Fortgang. Ein Erzengel trat auf und kündigte die Geburt des Gottessohnes an, indem er mit einem Fernrohr auf die Erde nach Bethlehem schaute und ständig Gott, den er Lord nannte, gute Ratschläge erteilte. Überhaupt verhielt er sich so wie ein amerikanischer Präsidentenberater. Alles wusste er besser. Er war nicht einverstanden damit, dass der Gottessohn so armselig als Fremder, ja fast wie ein Asylbewerber und gewissermaßen als Hartz-IV-Empfänger auf die Welt kam.

Wie recht hatte der Erzengel, hatte er es selber doch auch schon oft gedacht. Wenn Jesu Gottessohnschaft etwas überzeugender bei seiner Ankunft und seinem Leben auf der Erde erkennbar gewesen wäre, dann hätte man es als Pastor leichter und müsste nicht ständig um Glauben und Vertrauen werben. Man wäre überdies anerkannter, müsste nicht immer den unteren Weg gehen und um Demut bemüht sein. Andererseits: Darin lag ja vielleicht gerade die Glaubwürdigkeit des Kindes in der Krippe, dass es ebenfalls ein Abgelehnter, ein Ausgestoßener, ein Fremder, ein Asylbewerber war, den niemand wollte, für den die Türen verschlossen waren, der

»keinen Raum in der Herberge« hatte, wie es bei Lukas hieß.

Und sie hatten den Jesus in den traditionellen Krippenspielen doch längst vereinnahmt, ihn mit dem gütigen Josef und der sanften Maria gesellschaftsfähig für die Heiligabend-Gemeinde gemacht. Die lieblichen Engel, die betenden Hirten und die reitenden und knienden Weisen oder Könige trugen doch sehr christliche Züge, jedenfalls solche, wie sie in den Gottesdienst passten. Dabei waren sie in Wirklichkeit alle miteinander Fremde in diesem Bethlehem gewesen. Keiner gehörte dorthin oder war dort zu Hause.

Vielleicht hatten die Polen-Maria und der Türken-Josef mit ihrem kleinen Kind, das nun auch noch anfing zu plärren und damit den letzten Rest der Weihnachtsstimmung zerstörte, viel mehr gemeinsam mit jenem Geschehen damals in Bethlehem als alle konventionellen Krippenspiele zusammen.

Wie linkisch sie sich benahmen und wie gebrochen ihr Deutsch war. Wahrhaftig Fremde, unsicher, unbeholfen, fast ängstlich standen sie auf dem Podest vor dem Altar. Als dann der Josef auch noch seinen Text vergessen hatte und hilflos und sprachlos vor dem dicken Wirt – dem Sohn des Kirchenvorstehers, dem Einzigen, der zur etablierten Gemeinde gehörte – stand, da war die Realität der zweitausend Jahre alten Geschichte nicht mehr eindrücklicher und überzeugender darzustellen.

Und je mehr sich der alte Pastor auf dieses Krippenspiel einließ, desto mehr wurde es ihm eine eindringliche Predigt, die hineinreichte in den Alltag und diese Zeit und Welt, und am Ende saß er still in seiner Kirchenbank.

10

Immer wenn du denkst, es geht nicht mehr

Es gibt Begebenheiten, die sind so sonderbar, dass man sie gar nicht glauben mag. Und wenn ich die Dame, die sie mir erzählt hat, nicht persönlich kennen würde, hätte ich die folgende Geschichte wohl kaum für wahr gehalten. Und weil sie sie mir in der Kaffeepause der Adventsfeier erzählt hat, ist es auch eine richtige Weihnachtsgeschichte.

So sorgt Gott für seine Kinder, auch in den kleinen Dingen des Alltags, hätte ihr Sohn die Situation wohl zusammengefasst. Und wenn sie es recht bedachte, hätte er irgendwie sogar recht damit gehabt. Sie war sich nicht so sicher mit dem lieben Gott, jedenfalls nicht so wie er. Als Religionslehrer musste er sicher auch so reden. Doch manchmal spürte sie, dass es mehr war als reden. Er schien es auch zu denken oder gar zu fühlen. Aber so weit wollte sie für sich nicht gehen, am Ende finge sie dann noch an zu glauben ... Sonderbar war es trotzdem. So viel Zufall auf einmal? Da musste mehr dahinterstecken.

Ihr Brennofen war kaputtgegangen. Die Temperatursteuerung ging nicht mehr. Genau 980 Grad brauchten die kleinen Buttons, die der Landrat bei ihr bestellt hatte, jeder fast so groß wie ein Bierdeckel. Ein Dankes-Anstecker mit dem Wahrzeichen des Landkreises, dem Turm der alten Burgruine. Die heimischen Künstler unterstützen, das war sein Anliegen, und nicht alles mit dem rückseitigen Stempel „Made in China". Die ehrenamtlichen Helfer, jene ohne Amt und Würde, die zupackten, wo es nötig schien, ohne nach Lohn und Ehre zu fragen – sie sollten im Advent einmal öffentlich geehrt werden. Man dürfe nicht immer nur von den Pflichten für das Gemeinwesen reden, man müsse auch einmal in aller Öffentlichkeit von oberster Stelle aus Danke sagen. Der Pastor hatte ihn auf diesen Gedanken gebracht. Und welche Zeit war besser geeignet, die Idee umzusetzen, als der Advent? Gewissermaßen als Gegengewicht zu der Stress- und Konsumwelle, die sonst die Vorweihnachtszeit bestimmt.

Erst die Hälfte der benötigten Ehrenzeichen hatte sie fertig gebrannt. Nun war die zweite Serie in braunem Ton gearbeitet und stand zum Trocknen im Regal. Wenn es auch nicht viel war, was nach Abzug der Ausgaben für Tonmasse und Glasur und der Stromkosten übrig blieb. Als freischaffende Töpferin war sie auf jeden Cent angewiesen, um ihr bescheidenes Künstlerleben zu finanzieren. Nur vom guten Ruf und der ideellen Anerkennung konnte man nicht existieren.

Vertieft in die Depression ihrer Lage, hätte sie fast das Telefon überhört. Ein Sammler von Tintenfässern hatte die Ausgestaltung einer großen Ausstellung auf Bundesebene übernommen. Zum ersten Mal sollte eine überregionale Präsentation stattfinden. Dafür wollte er die zu erwartenden dreihundert Aussteller statt mit den üblichen Plastikschildchen mit kleinen Keramikscheiben als Erkennungszeichen versehen. Eine Idee für das Motiv hatte er auch schon. Seine Nachbarin, die Sekretärin des Landrates, hatte ihm den Tipp mit der Töpferin gegeben.

Leider könne sie nicht, schade. Sie würde zwar gern zusagen, zumal von den Buttons für den Landrat noch genug Tonmasse übrig geblieben sei. Aber sie sei nicht einmal in der Lage, diese Bestellung fristgerecht fertig zu bekommen. Sie seufzte ihr Bedauern ins Telefon.

Aber warum es denn nicht gehe, es sei doch noch ausreichend Zeit, der Kongress werde ja erst im nächsten Herbst stattfinden.

Die Steuerungsanlage für die Temperatur des Brennofens sei defekt und für einen neuen Ofen reiche das Geld nicht.

Sein Schmunzeln kam durch das Telefon bei ihr nicht an.

Aber als er zwei Stunden später in ihrer Werkstatt stand und erklärte, dass er hauptberuflich Fachmann für elektronische Steuerungsanlagen sei und seinen Werkzeugkasten gleich mitgebracht habe, konnte sie nur noch staunen und war geneigt, dem Sohn bei seinem nächsten Besuch, wenn er wieder vom lieben Gott sprechen würde, genauer zuzuhören. Dann hätte sie sogar eine unglaubliche Geschichte zu erzählen.

Und weil der Brennofen nun wieder heil war, hat sie nicht nur die Ehrenbuttons für den Landrat und die Erkennungszeichen für die Tintenfass-Sammler getöpfert, sondern gleich anschließend noch eine Krippenszene in rauer Keramik gearbeitet, die am Heiligen Abend in der Kirche unter dem großen Christbaum steht.

11 Kamingespräch

Sophie sitzt mit dem Großvater am Kamin in seiner Studierstube. Ein adventlicher Duft zieht durch den Raum. In der Kaminröhre schmurgeln die Bratäpfel, der für Sophie mit Marzipan und Rosinen und der für den Großvater mit einem kräftigen Schuss Rum. Außerdem hat Sophie ein paar kleine Tannenzweige in die Kerze gehalten. Großvaters Tabakspfeife, die bei ihrer Unterhaltung immer wieder ausgeht, ergänzt den herzhaften Duft.

»Opa«, so redet Sophie den Großvater an und der lässt sich die zärtliche Form, in der so viel Liebe und Vertrauen mitschwingt, gerne gefallen, mehr noch, er genießt es.

»Ja, Sophie«, er sagt immer Soofie, die anderen dürfen das nicht, für die ist sie Soffi. Früher durfte er sogar Hummelchen sagen, aber aus dem Alter ist sie nun raus oder noch nicht wieder drin. »Kommt alles wieder«, denkt der Alte, wenn ihm mal wieder die vertraute Anrede herausgerutscht ist und Sophie sich das mit Blicken oder in ihrer modernen Sprache – die manchmal verletzend klingt, jedenfalls für ältere Ohren – verbeten hat.

»Also, Sophie, was gibt's?« Er legt die Pfeife beiseite und ist ganz Ohr.

»Opi glaubst du das Ganze auch?«

»Was – ›das Ganze‹?«

»Na, das mit Weihnachten und dem Jesuskind in der Krippe und den Hirten und Engeln und dem Stern und das alles.«

»Du nicht?«

»Ich weiß nicht. Manchmal möchte ich gerne, weil es so schön ist und Weihnachten einen Sinn und Inhalt gibt und nicht nur Geschenke und gutes Essen und so.«

»Und warum tust du es nicht?«

»Ach Op, weil ich es selber nicht weiß und die anderen dann lachen. Und überhaupt, das sind doch alte Geschichten, die mit unserem Leben von heute mit Computer und Handy nichts zu tun haben.« Sophies Tonfall ist immer energischer und lauter geworden. »Das sind doch nur Ammenmärchen, hat die andere Oma auch gesagt.«

»So, woher weiß die das denn so genau und warum glaubst du das denn mehr als die alten Geschichten der Bibel, wie du sagst? Wir sind doch beide nicht dabei gewesen und die andere Oma auch nicht.«

»Eben weil wir nicht dabei gewesen sind, du nicht und ich auch nicht, die andere Oma nicht und auch nicht der Pastor, bei dem wir Reli haben.«

»Und nur deswegen glaubst du nicht?«

»Deswegen glaube ich das nicht.«

»Dann gibt es also auch keinen Kolumbus, der Amerika entdeckt hat, und auch die Schule nicht, in der ich als Erstklässler war, und auch die erste Urlaubsreise nicht, die wir mit deiner Mama gemacht haben, als die so alt war, wie du jetzt bist.«

»Ach Opa, jetzt kramst du aber Sachen her, die man nachprüfen kann; nein, das gilt nicht.« Sophie wird beinahe ärgerlich und der Opa schmunzelt.

»Aber meine große Freude, als ich das erste Mal nach dem großen Krieg ein eigenes Spielzeugauto zu Weihnachten bekommen habe, die kannst du nicht nachprüfen. Das Auto ja, aber die Freude nicht.«

»Opa, das hast du doch selber erzählt, du schwindelst mir doch nichts vor«, Sophie muss lachen.

»Nein, ich schwindle dir nichts vor.« Der Großvater ist ganz ernst geworden. »So gewiss, wie meine Freude über jenes Weihnachtsfest mit dem neuen Auto gewesen ist, so gewiss ist für mich die Geschichte mit Weihnachten. Und beides weißt du nur aus Erzählungen. Man muss sich darauf einlassen, dann merkt man, was wahr ist.«

»Und wie merkt man das und woran?« Nun will Sophie es genau wissen. Aber mit Wissen hat das gar nichts zu tun, sondern mit Glauben.

»Das ist wie mit deiner Mama. Dass die dich lieb hat, merkst du auch dann immer am Besten, wenn du dich darauf einlässt. Weil du das glaubst, merkst du es auch.«

Sophie schweigt. Ihre Fragen sind noch größer geworden. Und der Opa hofft, manchmal betet er auch dafür, dass sein Hummelchen eine Antwort auf diese Frage finde, eine Antwort für die Seele. Denn vielleicht ist die Frage, die gelebt werden muss, ja wichtiger als eine fertige Antwort, die in den menschlichen Verstand passt. Weil alles, was da hineinpasst, kleiner ist als die Geschichte mit dem Jesuskind in der Krippe.

Nun schweigen beide, Sophie und der Großvater sind dicht beisammen und doch noch ein gutes Stück voneinander entfernt. Die Bratäpfel schmurgeln immer noch in der Kaminröhre.

12 Hirten tragen keine steifen Hüte

Es war in jener Zeit, als Krippenspiele zur Weihnacht noch Hochkonjunktur hatten und im Mittelpunkt nicht nur kirchlicher, sondern auch schulischer und anderer Adventsfeiern standen. Mehr oder weniger christliche Botschaften wurden so, nicht selten überlagert von sentimentaler Gefühlsduselei, in die Herzen der Menschen getragen. Besonders die Kinder und Jugendlichen konnten hier ihrer Sehnsucht nach schauspielerischer Karriere leben und von den Brettern, die die Welt bedeuten, träumen.

Auch Hans-Jürgen und Wolfgang, den alle Blacky nannten, weil er mit Nachnamen Schwarz hieß, gehörten als Hirten dazu, sowie Karin, die die Hauptrolle als Maria bekommen hatte und mit ihren langen offenen Haaren im blauen Bademantel der Großmutter und einem goldenen Stirnband aus Krepppapier nicht nur lieblich anzusehen war, sondern eine stille, andächtige Heiligkeit ausstrahlte.

Die Textproben waren vorüber. Es ging auf den dritten Advent zu, den Sonntag, an dem alljährlich die Konfirmanden, unterstützt vom Engelchor des Kindergottesdienstes, ihren großen Auftritt hatten. Der Kampf um die Hauptrollen war ausgestanden. Wer nicht als Josef, wie Hans-Jürgen, oder als einer der Heiligen Drei Könige gefragt war und sich weder als Wirt noch als Sprecher der Hirten empfohlen hatte, sollte sich, mit Wolldecke, Hirtenstab und Schlapphut ausgestattet, als Hirte vor der Krippe einfinden, manche staunend verharrend, andere anbetend kniend, wie es das Drehbuch vorschrieb. Für das Kostüm musste jeder selber sorgen. Die Bärte aus

Watte und Hanf hatte der Küster aus der Klempnerei des Ortes besorgt. So kam manch ein Wetterhut, hier und da auch Vaters oder gar Opas Sonntagshut zu unerwarteten Ehren. Mit langen Bohnen- oder Wäschestangen ausgerüstete, in Wolldecken oder viel zu große Kleppermäntel gehüllte Konfirmanden sahen als Hirtenanwärter durchaus überzeugend aus. Die Entschuldigung, dass der Hut erst zur Hauptveranstaltung mitgebracht werden könne, weil Vater, Onkel oder sonst wer ihn vorher nicht entbehren wolle, wurde vom Jugenddiakon Oswald verständnisvoll akzeptiert. So blieb die Hutmode der Bethlehemer Hirten immer wieder bis zuletzt eine Überraschung. Auch Blacky musste diesbezüglich den Diakon-Regisseur um Geduld bitten. Sein Vater, Oberlehrer der Dorfschule, konnte noch nicht auf den Wetterhut mit breiter Schlappkrempe verzichten, den er üblicherweise vor allem benötigte, um die Honoratioren des Ortes und die Eltern der Schüler ehrfurchtsvoll zu grüßen, was er mit einer Mischung aus Überlegenheit und Demut zu zelebrieren wusste.

Doch nun war der große Tag da. Alle Konfirmanden und Gottesdienstkinder warteten, ausgerüstet mit den Attributen ihrer Rolle, hinter der Bühne des Dorfkruges auf ihren großen Auftritt: die Engel, meist in Nachthemden, mit goldbronzenem Pappheiligenschein und ebensolchen Flügeln, Maria, noch huldvoller lächelnd als während der Proben, Josef mit grauem Tafelkreidebart und dem langen Lodencape des Försters, der unfreundliche Wirt mit der Lederschürze des Dorfschmieds und die Hirten in ihrer schon beschriebenen Garderobe. Nur Blacky stand barhäuptig mit seinem blonden Lockenkopf wie ein Fremdling aus nordischen Gefilden inmitten der behuteten Hirtenschar. Der Herr Oberlehrer hatte auf seinen Schlapphut nicht verzichten können, weil er ausgerechnet an diesem Sonntag in der Kreisstadt in einem Konzert des Lehrerquartetts die Bassgeige zu zupfen hatte.

»So kannst du nicht auftreten«, hatte Diakon Oswald ihm beschieden und damit von der Aufführung ausgeschlossen. Das aber ging gar nicht, wollte und musste er doch dem dritten Engel in der zweiten Stimme imponieren, das Mädchen, das er heimlich – so gut es Konfirmanden verstehen – verehrte. So ausgegrenzt, ging er enttäuscht und voll Wut im Flur vor dem Festsaal auf und ab und suchte verzweifelt nach einer Lösung, während der Blockflötenchor die Hirtenmelodie spielte und damit deren Einzug ankündigte.

Blacky biss sich auf die Unterlippe. Was war zu tun? An der Garderobe hingen über

Joppen, Mänteln und Capes zahlreiche Mützen und Hüte. Da waren Schirmmützen, Baskenmützen und Kappen der ländlichen Bevölkerung, dazu einige Hüte der Angestellten und Kaufleute und vorne am ersten Haken der steife schwarze Hut des Superintendenten, der sich in diesem Jahr das Krippenspiel der Kirchengemeinde Varrel zur Erfüllung seiner geistlichen Aufsichtspflicht ausgesucht hatte.

Das war die Lösung. Mehr einer spontanen Regung folgend denn einer überlegten Entscheidung, griff Blacky nach der klerikalen Kopfbedeckung und stülpte sie sich auf den blonden Haarschopf. Mit seinem nicht mehr ganz sauberen Taschentuch, das er von innen hinter das Stirnband klemmte, machte er das Stück einigermaßen passend. Doch wann hatte es je einen Hirten mit steifem Hut gegeben? Die Krempe war schnell nach unten gebogen. Aber die Steifheit verlieh dem Hirten immer noch einen unpassenden akademischen Anstrich. Alles Drücken und Knüllen half nicht, der Hut blieb steif. Schließlich warf Blacky ihn auf die Erde und trat ihn zusammen wie eine alte Konservendose. So konnte es gehen. Und als die letzten Hirten auf die Bühne traten, war auch Blacky unter ihnen mit zerbeultem, grau-schmutzigem Schlapphut, dem man seine hochwürdige Herkunft nicht mehr ansah.

Nur der Herr Superintendent meinte, an der elegant geformten, mit drei Fingern zu greifenden vorderen Front, mit der er vornehm und huldvoll zu grüßen verstand, sein Eigentum zu erkennen. Hätte seine Frau ihn nicht sanft, aber bestimmt am Ärmel festgehalten, wäre er wohl gleich auf die Bühne gestürmt, um den Hirten zur Rechenschaft zu ziehen. So aber musste er sich gedulden, bis er nach der Veranstaltung bei der Anlegung der Wettergarderobe die Bestätigung seiner Ahnung in Händen hielt. Der Frau des kirchlichen Würdenträgers verdankte Blacky es auch, dass keine Nachforschungen nach ihm angestellt wurden, denn sie hatte sich schon immer über die äußere Steifheit des Hutes, die Ausdruck einer inneren Steifheit seines Trägers war, amüsiert.

So sind es ja oft die Vertreter der zweiten Reihe, die die Botschaft der ersten Reihe so recht glaubwürdig zur Geltung kommen lassen.

13 Macht hoch die Tür

»Sechs Geschwister waren wir; aber die Älteste fühlte sich für ›derlei Kinderkram‹ – wie sie sagte – zu groß und der Kleinste lag noch im Kinderwagen und kam auch nicht in Frage. So durften wir vier Kinder in der Mitte uns teilen, was die große Schwester Kinderkram genannt hatte.«

So erzählte der ältere Herr, der offenbar Zeiten erlebt hatte, die den Jüngeren heute fast unwirklich erscheinen wollen.

»Einen einzigen Adventskalender hatten wir damals, nicht jeder einen, sondern alle vier zusammen einen. Und nicht etwa mit Schokolade oder Marzipan gefüllt, sondern nur kleine Bildchen machten den Reiz der Überraschung aus. An einen Adventskalender mit vierundzwanzig Nikolausstiefelchen, aus Filz geschnitten und genäht, mit kleinen Spielzeugen und Geschenken und vielleicht sogar einem Geldschein darin, war überhaupt nicht zu denken. Ein buntes Adventsbild mit Engeln und Hirten, drei Königen und Maria und Josef mit dem Jesuskind in der Krippe, Schnee und Tannen und Kerzen. Kleine vorgestanzte Türchen, für jeden Tag eine, ließen sich öffnen und gaben ein Bildchen frei.«

»Mehr nicht?«

»Nein, mehr nicht! Das war in jenen Tagen der Bescheidenheit genug für eine kleine Freude. Die Spannung bestand auch darin, wer das Türchen öffnen durfte. Es ging fein der Reihe nach. Aber jeden Abend wurde für den Folgetag geprüft, ob nicht einer ausscheiden müsste, weil er sich etwa nicht adventlich verhalten, sondern durch Ungehorsam, Unrecht, Unwahrheit oder Frechheit sein Recht aufs Türchenöffnen verspielt hätte. So kam es, dass ich ausgerechnet am Nikolaustag vom Vater ausgesondert wurde wegen irgend eines Vergehens, das mir heute nicht mehr im Bewusstsein ist. Aber das Danebenstehen, während ein anderer mein Recht und meinen Platz – wie ich meinte – einnahm, das werde ich nicht vergessen.

Damit war es ja noch nicht zu Ende. Es sollte noch schlimmer kommen, so schlimm, dass ich ganz ausgeschlossen wurde von der kleinen großen Freude des Türöffnens. Bitter saß mir der Kloß hinten im Hals, als meine Schwester mit schadenfrohem Grinsen das Türchen öffnete, mein Türchen. Ein kleiner Teddybär kam zum Vorschein, so einer, wie ich ihn gerne zum Spielen gehabt hätte. Aber solche Wünsche mussten im Reich der Träume und Fantasien bleiben. Für die Wirklichkeit kamen sie nicht in Betracht. Die Freude beim Betrachten des Kalenderbildchens musste genügen.

Darum war es so wichtig, das Türchen öffnen zu dürfen, denn wer die Tür öffnete, dem gehörte der erste Blick und damit auch das Bild.

Nun aber stand ich daneben und war ausgeschlossen. Die Vorweihnachtsfreude war einer großen Traurigkeit gewichen. Der Kummer und die Enttäuschung hielten den ganzen Tag an und wandelten sich bis zum Abend in Groll und Wut über die ungerechte Behandlung, wie ich meinte. Mein Recht, das nun an die Geschwister gegangen war, wollte ich mir wiederholen.

Lange lag ich wach in meinem Bett und konnte nicht einschlafen. Endlich, als es ganz still im Haus geworden war und ich glaubte, dass auch die Eltern schon schlafen würden, stand ich leise auf und schlich mich auf Zehenspitzen in die Stube, zog die Tür hinter mir zu und knipste das Licht an. Dann kletterte ich auf einen Stuhl, um den

Adventskalender an der Wand zu erreichen. So vorsichtig wie möglich öffnete ich das Türchen für den nächsten Tag, und weil es so einfach ging, gleich noch ein, zwei Türchen mehr.

Als ich gerade damit fertig war, die kleinen Pappklappen wieder fest zuzudrücken, damit mein Betrug nicht auffiele, hörte ich Schritte im Flur. So schnell ich konnte, sprang ich vom Stuhl, machte das Licht aus und versteckte mich neben dem Stubenschrank. Mir schlug das Herz bis zum Hals. Da wurde auch schon die Tür aufgerissen, das Licht ging an und mein Vater stand in der Tür, groß und mächtig. Mit einem Blick hatte er die Situation erfasst, der Stuhl stand noch an der Wand unter dem Adventskalender und ich verängstigt in der Ecke.

Ich will mir ersparen, die Standpauke meines Vaters zu wiederholen. Sie war gewaltig und wurde kräftig unterstrichen von einem »Backs«, aus dem man gut hätte drei handfeste Ohrfeigen machen können.

Mein Platz in jener Adventszeit war ab dem Tag der des Zuguckens und Danebenstehens. Vom Türchenöffnen blieb ich ausgeschlossen. Erst am Morgen des Heiligen Abends nahm mich mein Vater zum Vergebungsgespräch beiseite. Weihnachten sei das Fest der Liebe und der Vergebung, da müssten auch die Menschen einander vergeben und wieder neu mit Vertrauen und Hoffen beginnen. Ja, so sagte er. Und das ist mir bis heute zu Recht in Erinnerung geblieben.«

14 Mein schönstes Weihnachtsfest

Die Kinder mit der Enkeltochter sind gekommen. Die Großmutter hat sich lange darauf gefreut, besonders auf die kleine Imke, und extra ein kleines Weihnachtsbäumchen für sie geschmückt. Das erste Mal, seit sie allein ist. Sogar zur Christvesper sind sie ihr zuliebe mitgegangen, obwohl sie sonst mit der Kirche nicht viel im Sinn haben. Und nun, nach dem festlichen Abendessen, sitzen sie behaglich am Kamin und erzählen von vergangenen Weihnachtsfesten mit all dem Schönen und Frohen. Fast so wie früher, als die Kinder noch klein waren. Für die strahlenden Kinderaugen unter dem Christbaum – so sagt man doch – sorgt jetzt ihre Enkeltochter.

»Oma, was war denn dein schönstes Weihnachten?« Imke schmiegt sich behaglich in den Arm der Großmutter und schaut sie erwartungsvoll an.

»Mein schönstes Weihnachten?« Ihr Blick geht in weite Ferne, als läge es dort, das Weihnachten. Dann gibt sie sich einen Ruck und sagt: »Dass ihr alle hier seid.«

»Ach Oma, das meine ich doch nicht; sondern früher, als du Kind warst, so alt wie ich oder so.«

Wieder wird die Alte nachdenklich und dann erzählt sie: »Ich war gerade zwölf Jahre alt, also etwa so alt wie du heute. Meine Mutter, deine Urgroßmutter, leider hast du sie nicht mehr kennengelernt und sie dich auch nicht …«

Wieder schweigt sie eine Weile. Es ist ganz still im Raum, auch ihre Kinder hören aufmerksam zu.

»Nach wochenlangem Hoffen und Bangen war es Gewissheit geworden, sie würde über die Festtage im Krankenhaus bleiben müssen. Eine Krebsoperation war damals viel schwieriger und die Heilung dauerte viel länger als heute. Wir waren noch nicht einmal sicher, ob sie überhaupt wieder gesund werden würde. Du kannst dir vorstellen, wie traurig wir waren, nicht zuletzt im Blick auf das bevorstehende Weihnachtsfest. Dann bekam mein Vater die Erlaubnis, dass wir am Heiligen Abend zu ihr ins Krankenhaus durften. Wir mussten erst mit dem Zug in die Stadt fahren, ein Auto hatten wir damals nicht. Mein Vater hatte ein kleines Bäumchen besorgt, noch kleiner als unseres hier.« Sie zeigt lächelnd auf die Fichte, die auf der Kommode in der Ecke der Stube im weihnachtlichen Glanz strahlt.

»Und weiter?« Imke wird ungeduldig. »Das war doch nicht alles, das Schönste musste doch noch kommen.«

»Dein Urgroßvater hatte das Bäumchen mit Kerzen und Kugeln und Lametta festlich geschmückt und trug es wie eine Fahne vor sich her. Hin und wieder musste er es absetzen und die verkrampften Arme etwas ausschütteln, dann ging es weiter.

Im Krankenhaus hatte man meine Mutter und eine andere ältere Dame, die ich mit Oma Anders anreden durfte und die gut meine Großmutter hätte sein können, mit ihren Betten in einen kleinen Raum geschoben. Auch ihr Mann und ihre zwei Enkeltöchter durften dabei sein. So haben wir zusammen Weihnachten gefeiert.«

»Gab es denn auch Geschenke?«

»Geschenke, nein. Dass wir beieinander waren, war uns Geschenk genug. Weißt du, damals war es noch ganz streng mit der Besuchszeit in den Krankenhäusern. Nur zwei Mal in der Woche durfte man für eineinhalb Stunden seine Angehörigen sehen. Das war hart und deshalb habe ich jenen Heiligabend doppelt genossen.«

Die Kleine ist ganz still geworden. Den neuen Gameboy hat sie längst beiseitegelegt und auch ihr Handy hat für einen Augenblick an Interesse verloren. Weihnachten ganz ohne Geschenke, nur weil die Oma mit ihrer Mutter zusammen sein durfte am Heiligen Abend – das reichte aus für die große Weihnachtsfreude? Kaum vorstellbar für Imke, und sie beginnt zu ahnen, dass Weihnachten nicht nur aus Geschenken und geschmückten Tannenbäumen und gutem Essen besteht. Auch die Großen haben aufmerksam zugehört.

»Ach Mutter, lies uns doch noch einmal die Weihnachtsgeschichte aus der Bibel vor, wie der Vater es früher immer getan hat«, bittet die Tochter.

»Nun ist richtig Weihnachten, so wie früher«, freut sich die Großmutter und greift nach der alten Familienbibel, die sie vorher schon heimlich bereitgelegt hat.

»Es begab sich aber …«, beginnt sie zu

lesen und eine fröhliche Träne rinnt ihr über die runzlige Wange.

15 Mensch, ärgere dich nicht

»Wieder ein Fehlalarm – und dafür muss man nun am ersten Advent los.«

»Ich wäre auch lieber zu Hause geblieben bei der Familie, mit Füße-hoch und Grog statt mit Helm und schweren Stiefeln und so.«

»Und immer das Feierabendhaus, als wenn sie es extra machten.«

So und ähnlich machten die Feuerwehrleute ihrem Ärger Luft. Schließlich waren sie alle ehrenamtlich in ihrer Freizeit als freiwillige Feuerwehr unterwegs.

»Aber wenn wir schon hier sind, lasst uns man noch einen Kaffee miteinander trinken.« Der Wehrführer versuchte, die erhitzten Gemüter der verärgerten Kameraden zu beruhigen. Der Jüngste von ihnen, das war so üblich, hatte die Kaffeemaschine schon vor dem Einsatz angesetzt und verteilte jetzt die Kaffeepötte, jeder hatte seinen eigenen, und schenkte ein. Ein paar Plätzchen standen auch bereit.

»Wisst ihr noch«, fing der Wehrführer an, »vor zwei Jahren in der Hauptwache drüben in der Kreisstadt, als das Adventsgesteck fast die ganze Wache abgefackelt hätte, weil die Kameraden vergessen hatten, die Kerzen auszublasen, bevor sie ausrücken mussten?«

»Nicht schon wieder diese olle Kamelle, die erzählst du jedes Mal; als ob dir das nicht auch passieren könnte.«

»Kann es auch nicht.«

Bevor der Streit sich zuspitzen konnte, ergriff der Senior der Altenabteilung, der an den Sonntagen häufig am Telefon und am Alarmknopf sitzt, das Wort und begann zu erzählen.

»1947, wir waren gerade wieder in unsere Heimatstadt zurückgekehrt nach den

Jahren der Evakuierung in Franken. Wir waren zwar nicht ausgebombt wie andere, hatten aber durch die Umzüge auch kaum noch heile Möbel. So baute unser Vater aus alten Holzbalken und Leisten, Holzwolle und Stroh ein eigenes Sofa, überspannt mit der Plane eines am Hafen liegen gebliebenen Militärfahrzeugs. Zugedeckt mit der alten Tagesdecke vom Ehebett – Brokat, von der Großmuter geerbt –, sah es ganz ordentlich aus. Meist saßen die Eltern auf diesem Möbel und wir Kinder, sechs an der Zahl, mit ihnen um den Küchentisch herum.

»Mensch, ärgere dich nicht« hieß das Familienspiel, das die Winterabende füllte, auch jenen ersten Adventssonntag. Fernsehen, Handy, Computerspiele und andere Freizeitvernichtungsapparate kannte man noch nicht. Mit einem eigens vom Vater gemalten Spielbrett für sechs Personen und neuen Regeln, die vorsahen, dass immer zwei Personen zusammenspielten, und die das Hinauswerfen der Mitspieler zum obersten Prinzip erhoben und das Einbringen der eigenen Figuren in den Heimathafen zur Nebensache erklärten. Dadurch wurde das Spiel nicht nur schneller, sondern auch aggressiver. Die geschlagenen Spielsteine wurden nicht einfach hinausgesetzt, sondern mit Mittelfinger und Daumen weggeschnippt, dass sie durch die Stube flogen. So verbrachten wir fast mehr Zeit mit dem Suchen der weggeschossenen Figuren als mit dem eigentlichen Spiel. Die kleine Glühbirne an der Decke gab nicht viel Licht bei der Sucherei unter dem Schrank oder in den Ecken des Raumes.

Wieder einmal kroch ich mit meinem Bruder, in einer Hand den alten Henkelleuchter mit Kerze, auf der Erde und unter dem Sofa herum. »Da hinten liegt er!« Freudig erkannte ich ganz hinten an der Fußleiste das gesuchte Stück. Das brennende Licht voran und wir beiden Brüder hinterher, fast hätten wir ihn gehabt. Da fing ein herunterhängender Faden von der Holzwolle Feuer. »Pst«, machte ich, »bloß nichts merken lassen.« Aber da schrie mein Bruder unter dem Tisch schon: »Feuer, es brennt!« Das muntere Gespräch am Familientisch mit den guten Ratschlägen, wo wir noch suchen könnten, bekam nicht nur ein neues Thema, sondern eine hektisch aktive Ergänzung. Stühle und Sitzhocker polterten an die Seite, der Tisch schurrte über den Steinboden, das Sofa stand plötzlich hochkant an der Wand, dazwischen Rufe: »Wasser, schnell einen Eimer Wasser!« – der erst von der Pumpe auf dem Hof geholt werden musste. Und mittendrin die Angstschreie der Mutter: »Raus, raus, alle raus!« Aber inzwischen hatte mein Vater die Flammen mit seiner Strickjacke ausgeschlagen, Mutter würde ihm eine neue stricken. Die Pütz Wasser, wie es in der Seefahrersprache meines Vaters hieß, war überflüssigerweise noch mit Schwung von der großen Schwester in der Unterseite des Sofas und auf der Erde gelandet.

Nun war Hausputz angesagt am ersten Advent. Man kann sich kaum vorstellen, wie groß eine Pfütze von fünfzehn Litern Wasser wird, wenn sie einfach in den Raum gegossen wird, es sei denn, man ist Feuerwehrmann.«

Der Senior der freiwilligen Feuerwehr hatte nebenbei seinen Kaffee ausgetrunken, die Kameraden hatten ihre Pötte schon lange leer.

»Vergesst nicht, die Kerze auszupusten«, rief er noch zurück in den Raum, nahm seine Jacke und ging nach Hause.

Puddingpulver zum Advent

»Frau Magdalene Marquart, Hollern über Stade«. So lautete die Adresse, an die sie regelmäßig ein Paket Puddingpulver zu schicken hatte. Sie hatte es anfangs nicht verstanden, denn es waren nur wenige Päckchen, für einen Familienbedarf zu viel und zu wenig, um ein Geschäft damit zu betreiben. Und dennoch, immer wieder kam eine Bestellung: fünfmal Vanille, dreimal Schoko, Mandel, Kokos, Sahne usw. Immer nur Mengen, die sich bescheiden in der Versandabteilung ausnahmen, wo sonst immer gleich palettenweise geordert wurde. Und sie verstand überhaupt nicht, warum der Chef diesen Bestellungen so viel Aufmerksamkeit widmete und fast jeden Tag nachfragte, ob denn »sein Lenchen« – so nannte er sie – schon bedacht worden sei. Einmal hätte er mit seinem Interesse fast die Großlieferung an den Supermarkt aufgehalten.

Und wieder war Advent und wieder hatte Magdalene Marquart ihre Rechnungen nicht bezahlt und wieder erinnerte sie den Chef daran, zum wievielten Mal eigentlich?

»Ach Mädel, dass wirst du kaum verstehen.« Der Senior, wie er respektvoll, fast liebevoll im ganzen Betrieb genannt wurde, war der Einzige, von dem sie sich diese Anrede gefallen ließ. Immerhin war sie schon Ende dreißig und Mutter von zwei Kindern, da brauchte man sich im Zeitalter der beginnenden Emanzipation diese Gutsherrenart nicht mehr gefallen zu lassen. Aber ob sie wollte oder nicht, der Senior war in seinem Wesen für sie eine Art Großvater und Vater in einem, und das tat ihr gut. Von keinem anderen hätte sie es sich gefallen lassen.

»Was weißt du denn vom Krieg mit all

seinen Ungeheuerlichkeiten und Merkwürdigkeiten.«

Er schwieg eine Weile, dann fuhr er fort: »Im letzten Kriegsjahr war es, Lenchens Vater und ich waren in der gleichen Einheit. Auf Beobachtungsposten waren wir abkommandiert. Was es da wohl noch zu beobachten geben sollte. Der Krieg war verloren. Das wussten alle, auch jene, die es nicht wahrhaben wollten oder konnten. Schließlich brach damit nicht nur ihr ganzes Weltbild zusammen, sondern auch ihr Glaube an die Redlichkeit von Menschen.«

Er schwieg wieder, als stünde nicht nur der Krieg, sondern auch jene Situation, die irgendwie mit Lenchen zu tun haben musste, wie lebendig vor seinem inneren Auge.

»Weißt du, Mädel«, fing er wieder an, »damals, als nichts mehr galt, nur noch die Verlässlichkeit der Kameradschaft – verzeih, das Wort hat ja in deiner Welt keine Bedeutung mehr, zu oft ist sie verraten worden. Aber damals, als es um Tod oder Leben ging, da hat der Vater von Lenchen nicht einen Augenblick gezögert, sein Leben für meines in die Waagschale zu werfen. Und deswegen wird Lenchen ihren Pudding bekommen, ob sie ihn bezahlen kann oder nicht.«

Grußlos, fast ein wenig schroff ging er ohne weitere Erklärungen davon.

Tage später, als immer noch keine Rechnungsbegleichung erfolgt war und sie den Juniorchef an das sonst übliche Mahnverfahren für säumige Zahler erinnerte, erfuhr sie den zweiten Grund für die Sonderbehandlung von Lenchen.

»Sie hat es nicht leicht gehabt im Leben. Der Vater ist nicht zurückgekommen. Ihr Mann ist in den Wirren der Nachkriegszeit unter die Räder gekommen. Ihren Sohn, den einzigen, hat sie allein großgezogen. Und weil sie mit seinem Vater nicht verheiratet gewesen war, hat sie auch weder Rente noch sonst eine Unterstützung bekommen. Sie war wohl auch zu stolz, um fremde Hilfe anzunehmen. Und nun fährt sie mit dem Fahrrad über die Dörfer und verkauft Puddingpulver und zahlt mit dem Erlös die Schulden des Sohnes ab, der ein Hallodri geworden ist, um den Familiennamen Marquart von Spott und Makel frei zu halten.«

Auch der Junior ließ sie mit weiteren Gedanken allein.

»Weißt du«, so hatte ihr Großvater immer gesagt, »Weihnachten wird es dort, wo einer für den anderen einsteht, und nicht dort, wo man zur Stimmung und Dekoration Lametta in einen Tannenbaum hängt und ein paar Kerzen anzündet. Wenn man nicht spürt, dass man dem Heiland dort in der Krippe ein wenig Menschlichkeit für seinen

Nächsten schuldet, dann bleibt Weihnachten hohl und leer und eine Farce.«

Und so kam es, dass sie in diesem Jahr der Bestellung von Lenchen Marquart noch eine Tafel Schokolade aus eigener Tasche und einen persönlichen Gruß beifügte.

So, und nur so, wird Weihnachten.

17 Weihnachtsglanz

Wenn in der Heiligen Schrift von den Weisen erzählt wird, so sind daraus im Laufe der Kirchengeschichte und besonders in den Krippenspielen Könige geworden. Ja, und man muss wohl annehmen, dass es nicht nur die drei Würdenträger allein gewesen sind, die die lange Reise angetreten haben. Vielmehr haben sie sicherlich ihren Hofstaat dabeigehabt, Regierungsbeamte und Verwaltungskräfte, Köche und Kammerdiener, Tierpfleger und Kutscher und auch Hilfsburschen. Einer von ihnen war Mambito, ein Schwarzer wie sein Herr Melchior aus Äthiopien.

Er hatte erst gar nicht mitsollen, er sei noch zu klein, hatte der Erste Stallknecht behauptet, und: »Wir können nur Männer auf so einer langen Reise gebrauchen, die hart und stark genug sind, nicht nur die Strapazen auszuhalten, sondern auch mit zuzupacken, wenn es ernst wird.« Dennoch hatte Mambito sich heimlich in die Karawane gemogelt, als es nach langen Wochen der Vorbereitung endlich losgehen sollte.

Aber es wäre keine königliche Karawane gewesen, wenn sich einer hätte unbemerkt in den Tross einschmuggeln können. So musste Mambito es sich gefallen lassen, dass er erst vermessen und seine Personalien festgestellt wurden, wofür es heutzutage Reisepässe gibt. Sein Alter war mit zwölf Jahren nicht ungewöhnlich für einen Hilfsburschen. Auch die Größe reichte aus. Nur an Kräften, Ausdauer und sonstigen männlichen Eigenschaften fehlte es noch. Dennoch, der Ober-Stallknecht hatte ein Einsehen und ließ den jungen Burschen mitlaufen.

»Aber wehe, du machst schlapp. Dann

verkaufe ich dich unterwegs an einen Sklavenhändler.« Seine rollenden Augen ließen keinen Zweifel daran aufkommen, dass er es tatsächlich tun würde.

So war Mambito nach Wochen, wenn nicht gar Monaten nach Bethlehem gekommen. Der Umweg zum Palast des Königs Herodes hatte sie etliche Tage gekostet. Der König wollte sie nicht ziehen lassen. Erst nachdem sie versprochen hatten, auf dem Rückweg wieder vorbeizukommen und Nachricht zu geben, hatte er sie freigegeben.

Bei den Kamelen solle er bleiben, hatte der Stallknecht ihm befohlen und war dann seinem Herrn mit den beiden anderen Sternkundlern gefolgt, wohin der Himmelskörper seinen hellen Schein warf, nun strahlender und leuchtender als zuvor. Dabei hätten sie den Stern als Wegweiser fast nicht mehr gebraucht, denn ein ausgetretener Pfad zog sich vom Ortsrand bis zur Scheune eines Gasthauses, über dem der Stern stehen blieb und den ganzen Hof in göttliches Licht tauchte.

Bei den Kamelen bleiben, das kam für Mambito nicht in Frage. Wofür hatte er den langen Marsch mitgemacht, wenn er nun kurz vor dem Ziel draußen bleiben sollte? Nein, da kannte der Stallknecht seinen Hilfsburschen aber schlecht. Er überließ die Tiere sich selbst und hoffte, dass der Stern auch auf sie achten würde, so wie er sie alle Tage begleitet hatte.

Immer entlang der Hecken und Häuser unter Bäumen, wo sonst Schatten lag, huschte er den anderen nach. Aber es gab in dieser Nacht keinen Schatten. Der Stern leuchtete bis in den letzten Winkel des Ortes. Dennoch gelang es ihm, ungesehen bis zum Stall nach Bethlehem zu kommen. Dort empfing ihn ein fürchterliches Gedränge: Hirten mit Schafen, Leute aus dem Dorf, Reisende, die sich auf Befehl des Kaisers Augustus in die Steuerlisten einschreiben lassen wollten, sonstige Neugierige, wie sie sich überall einfinden, wenn es etwas Aufregendes zu sehen gibt. Und mittendrin der Wirt des Gasthofes, der Getränke und eine warme Suppe feilbot und so versuchte, aus dem Menschengewühl noch ein Geschäft zu machen. Zwischendurch jammerte und zeterte er über die Leute, die ihm den Vorgarten zerträten, und auch über sich selbst, dass ihm das alles widerfahren müsse und er keine Nachtruhe bekomme, und nicht zuletzt wegen seines schlechten Gewissens, dass er das Paar, den älteren Mann und das junge Mädchen, im Stall und nicht in seinem Haus untergebracht hatte. Denn dass es sich um besondere Leute handelte, hatte auch er begriffen. Von dem Kind, das dort im Stall geboren worden sein sollte, hatte er bisher nur den Lebensschrei nach der Geburt vernommen. Alles andere musste er glauben oder nicht: dass der Stern etwas damit zu tun habe und die Engel, von denen die Hirten von den Feldern erzählten, und die sonderbaren fremden Herren mit ihrem Gefolge, ihren wertvollen Geschenken und Reiseberichten. Für einen Wirt in einem bescheidenen Gasthaus in Bethlehem, in dem sonst nur einfache Kaufleute einkehrten, war das alles viel zu viel.

Über alledem war es Mambito gelungen, sich durch eine hintere Luke in den Stall zu schleichen, unter dem faulen Ochsen hindurch, der nur ein gutmütiges Brummen hören ließ – mit großen Tieren wusste der kleine Hilfsbursche umzugehen –, bis an den Rand des Futtertroges, der seit der Geburt des göttlichen Kindes Krippe genannt wird. Maria hatte ihn, wie Mütter so sind, auch wenn sie es gerade erst geworden war, längst entdeckt, aber auch seine Ehrlichkeit und ließ ihn gewähren.

Und nun sah er seinen vornehmen Herrn und auch die anderen, die sich vor dem Kind in der Krippe verneigten, es anbeteten und Geschenke ablegten: die weisen Könige wertvolle Reichtümer, die Hirten vom Feld ein Schaffell und einen Becher Milch. Sogar die Nachbarn schafften Tücher und Decken heran.

Nur Mambito war mit leeren Händen gekommen. Er hatte nichts zu verschenken. Sein Leben war arm genug. Die dünne Jacke brauchte er selbst, Schuhe hatte er ohnehin keine und auch sonst fand sich nichts in seiner Reisetasche. Traurig schaute er das Jesuskind an, das da im Stroh lag, ebenso arm wie er. Die vielen Gaben schienen es nicht aus der Ruhe zu bringen.

»Ich hab nichts«, flüsterte Mambito leise zur Krippe hin, »was ich dir geben könnte.« Beschämt wollte er wieder gehen, konnte sich aber an dem Kind nicht sattsehen. Wie wenn es ihn halten wollte, kam es ihm vor.

»Ich brauche nichts, nur dich selbst«, lächelte ihm Jesus zu, »das ist mehr wert als alle irdischen Gaben zusammen. Schenk mir dein Leben, deinen Glauben, deine Hoffnung und vor allem deine Schuld. Dann will ich dich beschenken mit Leben, mit Glauben, mit Hoffen und vor allem mit Freiheit und Liebe.«

»Danke«, flüsterte Mambito zurück und überließ sich ganz dem göttlichen Kind mit allem, was sein Leben ausmachte, so wie es Jesus gesagt hatte. Er selbst konnte es nicht sehen, dass sein Gesicht nun auch von himmlischem Glanz überzogen war; ein Glanz, der anhielt, auch als er längst wieder bei seinen Kamelen war. Aber die anderen konnten es sehen und spürten, dass mit ihm etwas geschehen war, etwas Wunderbares, für das es keine menschliche Erklärung gab.

18

Tochter Zion, freue dich

Die kleine Kirche in dem Diakonischen Dorf – wie der ehemalige Leiter der Einrichtung die alte Anstalt gerne genannt hatte – war voll besetzt beim musikalischen Abendgottesdienst zum ersten Advent. Die Kantorei aus dem Nachbarort, unterstützt von den sangesfreudigen Mitarbeitern der Diakonie, gestaltete diesen Adventsabend seit Jahren. Besucher aus den umliegenden Orten, die Angehörigen der Chormitglieder, die wenigen Bürger der ehemaligen Anstaltsgemeinde, die noch aus den Zeiten der Residenzpflicht verblieben waren, und einige Betreute hatten sich eingefunden. Der Anstaltspfarrer, auch eine Bezeichnung, die bei dem neuen Verständnis eines sozialen Dienstleistungsunternehmens auf der Strecke geblieben war, hatte die Wortbegleitung des musikalischen Programms übernommen. Der Adventskranz mit dicken weißen Kerzen als Zeichen der Sündenvergebung beherrschte den Altarraum. Der gekreuzigte Christus, in Bronze gegossen – ungewöhnlich in einer evangelisch-lutherischen Kirche –, trat dafür in den Hintergrund. Die Freude über die Ankunft des Gottessohnes, damals in Bethlehem und wenn er einst am Ende der Zeiten wiederkommen wird, bestimmte die Thematik in Rede und Gesang.

»Tochter Zion, freue dich«, forderte der Chor mit gewaltigen, von der Orgel getragenen Tönen die Gemeinde auf. Dann kamen die alttestamentlichen Lesungen, unterbrochen von der Orgel, die in dem Psalm »Machet die Tore weit« ihren Höhepunkt fanden.

Als der alte Choral »Macht hoch die Tür, die Tor macht weit, es kommt der Herr der Herrlichkeit« auch die Gemeinde einlud, mitzuloben und anzubeten, sang er kräftig mit. Er, ein Betreuter, als Wohnungsloser zur Wiedereingliederungshilfe in der offiziellen Statistik geführt, hatte manchmal seine eigene Melodie, aber eine angenehme Baritonstimme von gewaltigem Umfang, die sich trotz der von dem vierstimmigen Satz der Orgel abweichenden Töne harmonisch in den Gesang einordnete. Dabei umrahmte er den Gemeindegesang mal mit warmer Bassstimme in der Tiefe und dann wieder mit jubelndem Tenor und überlagernder Terz in der Höhe. Der alte Anstaltsleiter, schon längst im Ruhestand, saß ein paar Plätze weiter neben ihm in der vorletzten Reihe und überließ sich, streckenweise fast träumend, genießerisch dem Konzert. Anfangs hatte er ein paarmal versucht, durch Zeichen und Kopfschütteln den unbestellten Solisten zum Schweigen zu bringen. Aber der hatte nur umso fröhlicher und lauter seinen Lobgesang eingebracht.

Bei dem Choral »Wie soll ich dich empfangen«, von der Gemeinde gesungen, war er ganz in seinem Element. Mit einer fünften Stimme, die in keinem Gesangbuch verzeichnet ist, brachte er einen ganz neuen Klang in das alte Adventslied. Auch der leicht missbilligende Blick des Kantors hatte das nicht ändern können. Mehr und mehr überließ sich der Pensionär dem Musik- und Lobpreisbedürfnis seines Banknachbarn, des Tippelbruders, wie die Gesellschaft ihn wohl bezeichnete, wenn sie nicht noch verletzendere Bezeichnungen für ihn hatte.

Während der Kurzpredigt legte der »Bruder der Landstraße« ein kleines Nickerchen ein und unterhielt seine Umgebung mit einem gleichmäßigen Schnarchen. Aber bei dem Eingangschor aus dem Weihnachtsoratorium »Jauchzet, frohlocket, auf, preiset die Tage« war er wieder hellwach. Zur Freude seines Nachbarn und zum Ärger anderer Besucher fügte er seinen Musikbeitrag hinzu. Und beim Postludium der Orgel stampfte er den Takt der Fanfarenklänge mit den Absätzen auf den Kirchenboden. Fast hätte er den Rhythmus noch mitgeklatscht. Daran konnte ihn der alte Anstaltsleiter gerade noch hindern. Dass der es bedauerte, den fröhlichen Sänger bremsen zu müssen, blieb dem verborgen.

Da hatte einer sich anstecken lassen von der fröhlichen Nachricht, dass Christus an Weihnachten auf die Erde gekommen ist und die Adventszeit jedes Jahr neu einlädt, sich zu freuen; einer, der von der Weihnachtsfreude vielleicht mehr verstanden und in seine Seele hineingelassen hatte als mancher Chorsänger, der die richtigen Noten vom Blatt singen konnte.

Mit dieser Einsicht ging der frühere Leitungsmann nach Hause und der Wanderbruder im adventlichen Takt von »Hosianna dem Sohne Davids« auch.

19 Sonntagsschule Weihnachten 1953

»Wo hast du den denn her?« Mit spöttischem Lächeln schwingt Nora den alten Silberlöffel in der Luft hin und her. »Und dann noch mit eingraviertem Namen.«

»Ach gib her, der ist noch von Opa.« Die Mutter greift nach dem Löffel, um ihn zurückzulegen in die alte Pappschachtel mit dem Adventsschmuck, in der sie auch alte Erinnerungsstücke aufbewahrt. Aber da ist ihre Tochter schon am Buchstabieren: »›Sonn-tags-schu-le – Weih-nach-ten – 1953‹. Was ist eine Sonntagsschule? Musste man, als Opa klein war, auch sonntags in die Schule?«

»Nein, man durfte wieder.«

»Man durfte und brauchte nicht? Und ist Opa gegangen?«

»Gerne sogar, er hat oft davon erzählt.«

Die Mutter denkt an ihr Elternhaus, wo der Gottesdienst ganz selbstverständlich zum Sonntag gehörte wie der Nachtisch zum Mittagessen.

»Wie kann man nur – freiwillig zur Schule, und dann noch sonntags? Könnte mir nicht passieren.« Nora prustet verächtlich durch die Nase. »Und Schulessen gab es auch schon?«

»Nein, nein, der Löffel war das Weihnachtsgeschenk von der Sonntagsschule.«

Nun versteht Nora gar nichts mehr. Eine Schule am Sonntag, zu der man darf, aber nicht muss, die Löffel verschenkt, ohne dass es etwas zu essen gibt? Sie schüttelt energisch den Kopf und schaut dann mit fragenden Augen die Mutter an. »Was heißt das: ›Man durfte wieder‹?«

Die Mutter kramt in ihrer Erinnerungskiste und will ablenken. Aber das geht mit Nora nicht. Nun will sie es wissen.

»Es gab einmal eine Zeit, in der es nicht schicklich war, in die Sonntagsschule und in die Kirche zu gehen.«

»Wieso das denn?« Nora hat nichts gegen die Kirche, dafür zwar auch nicht; aber warum soll man die nicht lassen, die wollen, sie müssen ja nicht und tun auch keinem etwas.

»Nein, direkt tun sie keinem etwas. Aber sie sind ein Ärgernis für alle, die meinen, sie selbst seien die letzte Instanz auf der Welt, so etwas wie Gott.« Und sie erzählt Nora von Opa und von jener Zeit, als sie selbst noch zur Sonntagsschule gegangen ist, zum Kindergottesdienst, wie es dann hieß. Eine Zeit, die sie tief in ihrem Herzen bewahrt hat und die in ihrer Ehe keinen Platz mehr fand. Und während sie all die alten Sterne und Kugeln aus der Pappschachtel in die Hand nimmt – »wohl etwas verstaubt und rüschig«, wie Nora findet, wie das ganze

Weihnachtsfest auch –, ersteht vor ihrem Erinnerungsauge noch einmal ihre Kindheit mit der Bethlehemer Weihnachtsgeschichte am Heiligen Abend.

Nora ist immer stiller geworden und lässt sich nicht nur zu den alten Bräuchen mitnehmen, sondern auch in die Tage des Großvaters, als man seine Meinung nicht frei äußern konnte, wenn man Nachteile für den persönlichen Lebensweg vermeiden wollte.

So erfährt sie etwas von dem wahren Weihnachtsfest, von dem in ihrer Familie und in ihrem Freundeskreis, überhaupt in der Gegenwart nur noch die leeren Hüllen und Bräuche ohne Inhalt geblieben sind. Weihnachtsbäume aus Plastik und Musik von der CD und manches mehr haben den Duft und die Lieder und die Freude des Christfestes aus den Häusern getrieben und es seiner Wahrheit und Tiefe beraubt. Stattdessen sind Festessen und lautes Getue an ihre Stelle getreten. Die Geburt des Gottessohnes ist dabei eher störend, besonders wenn er seinen Anspruch auf den Platz im Leben geltend macht.

»Und was ist nun mit dem Weihnachtslöffel?«, fragt Nora zum Schluss.

»Das war ein Geschenk der Sonntagsschule an alle Kinder, weil es ein nützliches Geschenk sein sollte in den Zeiten der Bescheidenheit. Der Opa hat bis zu seinem Tod mit diesem Löffel gegessen, obwohl es inzwischen neue und modernere Bestecke im Haushalt gab.«

Nora hat begriffen, dass es nicht nur um ein Essbesteck für die leibliche Nahrung gegangen ist, sondern letztlich um die geistliche Speise zum ewigen Leben.

20

Weihnachtsbaum im Juli

»Habt ihr schon einen Tannenbaum?« Mit dieser einfältigen und überflüssigen Frage im Juli beim Geburtstag von Oma Dora fing es an. Georg hatte sie gestellt, um damit das Gespräch wieder in Gang zu bringen, das nach Ennos eintönigem Monolog über seine letzte Urlaubsreise, in dem nur seine eigenen Fahrkünste von Bedeutung waren, zum Erliegen gekommen war. Um die verlegenen Blicke, die sich plötzlich für die oberen Tapetenränder, vielleicht auch für eventuelle Spinnennetze in der Zimmerecke zu interessieren schienen oder die Anzahl der Dielenbretter in der alten Stube zählten, und die Hände, die unablässig die Bügelfalten der Sonntagshose glatt zupften, wieder in den Kreis der Gesellschaft zu locken. Ein blöder Schnack, mit dem man die Gesprächsstille, die vielen Menschen unserer lauten Zeit peinlich ist, zu überwinden hofft.

Eigentlich hatte er gar keine Antwort erwartet, bestenfalls heiteres Lachen, vielleicht ein wenig zu laut und dröhnend, wie es nach mehreren Gläsern Bier oder Wein eben so klingt. Dass aber Ferdi – wie ihn alle nannten – ernsthaft darauf eingehen würde mit der Antwort »Nein, und dieses Jahr gibt es auch keinen«, konnte er nicht ahnen. »Wieso das denn nicht?« Seine Frau Inka war offensichtlich anderer Meinung. Jedenfalls klang in ihrer Stimme die Aufforderung zu einem heftigen Disput mit. Da steckte mehr dahinter als nur die Klärung einer Sachfrage, vermutete ihre beste Freundin Gilla und verschärfte den Einwand mit der Wiederholung der spitzen Frage: »Ja, wieso denn nicht? Ferdi, was hast du gegen Tannenbäume?«

»Gegen Tannenbäume gar nichts, aber gegen den Firlefanz mit den Weihnachtsbäumen«, war seine Antwort.

»›Firlefanz‹ nimmst du zurück!« Inkas Stimme hatte einige Phon zugelegt und entsprach der Röte ihrer Wangen.

Da braute sich was zusammen, spürte nicht nur Georg. Und während er sich bemühte, das Thema wieder vom Tisch zu nehmen, rüsteten sich die anderen in der Runde für eine angeregte Diskussion, die schon zu Beginn den Takt eher auf Polka und Marschmusik eingestellt hatte denn auf harmonischen Walzer oder Kammerkonzert, Weihnachtsglocken schon gar nicht.

»Wer hat denn die ganze Arbeit mit dem Baum? Ich!«

»Du, immer nur du! Als ob ich an Weihnachten nicht genug zu tun hätte«, wehrte sich Inka, »soll ich auch noch den Tannenbaum schlagen? Wir kriegen nämlich immer einen aus dem Wäldchen von Bauer Quast, der mit den vielen Gänsen, gegenüber vom Feuerwehrhaus«, klärte sie die anderen auf.

»Und wer muss mit der Axt los und ihn holen am Samstag vor Heiligabend? Wer? Du doch nicht!« So scharf hatte er gar nicht reagieren wollen. Aber sie hatte ja angefangen mit dem harten Ton, der immer gleich alle Bereitschaft zur Mäßigung zunichtemachte. Überhaupt, was musste sie hier vor allen Leuten dieses Thema so zuspitzen, und dann mitten im Sommer. Sonst stand diese Debatte doch immer erst zu Nikolaus an.

»Nun sagt ihr doch mal«, Inka schaute Beifall heischend in die Runde, »zu Weihnachten gehört ein Tannenbaum einfach dazu, oder?«

»Natürlich, ohne Tanne und Kerzen, Lametta und Kugeln kein Weihnachten.« Oma Dora war auch ihrer Meinung.

»Ach, die Alte wieder.« Ferdi hatte erwartet, dass seine Schwiegermutter wieder gegen ihn sein würde. Er dachte es nur, laut sagte er nichts. Das war auch nicht nötig, denn das Gespräch hatte inzwischen seine eigene Dynamik entwickelt. Wobei die Streitfrage Ehepaare trennte und die Parteigrenze sozusagen quer durch alte Freundschaften ging.

Es wurde einer von den Abenden, wo sich mancher fragt: »Was mache ich hier eigentlich? Sind das wirklich Freunde?« Als Ferdi und Inka gegen Mitternacht schließlich aufbrachen, ging er neben ihr her, als kennten sie sich gar nicht oder als wären sie auf dem Weg zum Scheidungsrichter und nicht zum gemeinsamen Schlafzimmer einige Jahre nach der Silberhochzeit.

In den nächsten Tagen wurde das Thema nicht mehr erwähnt. Die Wörter Tannenbaum und Weihnachten wurden erst Mitte

November wieder in den Sprachschatz aufgenommen, als Bauer Quast am Sonntag nach dem Frühschoppen – seine Frau glaubte allerdings, er sei in der Kirche gewesen – vorbeikam, um wie alle Jahre zu fragen, ob sie sich wieder beizeiten ihren Baum aussuchen wollten und mit einem Namenschildchen versehen, damit ihn kein anderer nähme. Er hätte besser nicht gefragt. Es war, als hätten Ferdi und Inka nur darauf gewartet, das Gespräch von Juli, angereichert mit dem Schweigefrust von vier Monaten, temperamentvoll fortzusetzen. Er blieb auch nicht lange, wartete auch den üblichen Doppelkorn gar nicht erst ab, sondern grüßte knapp und war verschwunden, sehr zum Erstaunen seiner Frau, die ihn noch gar nicht erwartet hatte. Bei Inka und Ferdi hingegen ging es noch sehr stürmisch zu. Der Haussegen hing nicht nur schief, er lag zertreten auf dem Fußboden.

»Ich mache jedenfalls keinen Weihnachtsbaum, basta!« Ferdi legte seine ganze Autorität in diesen Satz.

»Ist das dein letztes Wort? Dann gibt es eben keinen Weihnachtsbaum.« Auch Inka hatte sich nun mit Entschiedenheit festgelegt. Ein Zurück würde es nicht geben.

Schließlich klappten Türen; Inka heulte im Schlafzimmer und Ferdi ging ins Wirtshaus, beide mehrere Stunden. Irgendwie kam jeder in seinem Alleinsein zu der zaghaften Einsicht, dass ein Weihnachtsbaum als Streitobjekt nicht tauge.

Dieses Mal wurde zwar nach dem Krach das Thema Weihnachten und Christbaum auch wieder gemieden, aber merkwürdigerweise war die Stimmung nicht so verkrampft und geladen. Vielmehr bemühten sich beide Seiten um eine elegante Form der Versöhnung, ohne dabei das eigene Gesicht zu verlieren. So erledigte Ferdi Hilfsarbeiten im Haus, für die er sonst etliche Male hätte gebeten werden müssen, und Inka kochte ihm sein Lieblingsessen.

Am dritten Advent machte Ferdi einen heimlichen Besuch bei Bauer Quast und drei Tage vor Weihnachten wieder. Dieses Mal hatte er eine Axt dabei. Auch Inka suchte den alten Bauern auf und um den 20. Dezember herum legte der ihr etwas hinten an die Scheune. Immer öfter hatten nun die Eheleute Eigenes zu tun, das sie dem anderen gegenüber zu verheimlichen suchten. Sie wurden dabei immer aufgeschlossener und heiterer zueinander. Es war, als legte sich ein weihnachtlicher Friede über das Haus.

Dann kam der Heilige Abend. Die Kinder und Enkelkinder waren angereist. Inka hatte ihre Vorbereitungen getroffen wie alle Jahre. Auch die Stube war seit Tagen verschlossen.

Ferdi hatte sich stillschweigend dareingefunden. Er hatte genug in der Garage zu tun, wie so oft in der letzten Zeit.

Als die Christvesper vorüber war und alle gemeinsam nach Hause gingen und ins Weihnachtszimmer wollten, brummelten Inka und Ferdi fast gleichzeitig so etwas wie »Geht man schon vor, ich muss grad noch was holen«. Die Kinder warteten vor der Tür und dann kam Inka durch die Vordertür und Ferdi vom Hof und jeder zog ein bunt geschmücktes Weihnachtsbäumchen hinter sich her. Bauer Quast hatte sie jeweils auf einem Möbelhund, mit dem sonst Maler und Umzugsleute schwere Schränke hin und her schieben, aufgestellt und festgenagelt. Die erstaunte Verlegenheit der Eheleute dauerte nur Sekunden, dann gingen sie aufeinander zu, und unter Freudentränen wünschten sie sich »Gesegnete Weihnachten«.

»Warum habt ihr denn zwei Tannenbäume?«, wollte die kleine Enkelin wissen.

»Das erzählen wir euch zur goldenen Hochzeit«, antworteten Inka und Ferdi. Und dabei blieb es auch.

21 Wir haben seinen Stern gesehen

Nichts ist im Himmel dem Zufall überlassen. So wie die Schöpfung geplant und geordnet vonstattengegangen ist im wunderbaren Zusammenspiel aller Kräfte, so ist auch die Menschwerdung Gottes zur Erlösung der Menschen nach Gottes geheimnisvollem Plan vorbereitet worden.

Und so mag es gewesen sein: Zu einer großen Himmelskonferenz hatte der ewige Herr geladen und alle waren sie dabei: die Engel, von den Erzengeln in ihrer majestätischen Erscheinung bis zu den Seraphim und Cherubim sowie den himmlischen Heerscharen, deren Aufgabe der Lobgesang und die Verherrlichung Gottes ist, die Sterne unter Führung des Weihnachtssternes, auf den ein ganz besonders ehrenvoller Auftrag wartete, nämlich die Weisheit des

Himmels in die Weisheit der Erde zu tragen, schließlich noch Sonne und Mond als Beobachter und all die vielen Seelen, die in der ewigen Herrlichkeit ihren Platz hatten.

Es hatte sich herumgesprochen: »Gott-Vater, der Allmächtige, will seinen Sohn auf die Erde schicken, um die Menschen von der Macht der Sünde zu erlösen und ihnen Leben, wahres, ewiges Leben zu ermöglichen, was er ihnen bei der Schöpfung zugedacht hat.«

Verstehen konnten sie es nicht, die Himmelswesen. Wie sollten sie auch, konnten sie doch jeden Tag wieder die Gottesleugnung beobachten. Und viele von denen, die Gott nicht ablehnten, missbrauchten ihn häufig nur als weihevolle Umrahmung für die Befriedigung ihrer emotionellen Bedürfnisse bei besonderen Feierlichkeiten.

»Aber gerade deswegen muss eingegriffen werden«, hieß es unter ihnen. Und der

Stern, der später als Weihnachtsstern den Weisen den Weg zum Jesuskind weisen sollte, fügte hinzu: »Die Frommen, die alles wissen, auch und besonders wie die anderen beten und glauben sollen, die sich und ihr Leben für sündlos und Gott wohlgefällig halten, die meinen, deswegen ein Anrecht auf einen sicheren Platz im Himmel zu haben, und dabei die Menschen und ihre Not um sich herum gar nicht wahrnehmen, sind häufig weiter von Gott entfernt als aufrechte und ehrliche Atheisten.« Trotzdem, dass der heilige Gott seinen einzigen Sohn in diese gottlose, sündige Welt schicken wollte, konnten sie nicht begreifen. Und dann noch als wehrloses Kind, hingegeben in die Fürsorge und Abhängigkeit derer, die es nicht verdient hätten, noch einmal eine Chance zu bekommen. Mit Macht und Herrlichkeit und einem gewaltigen Aufgebot himmlischer Heerscharen dazwischenfahren, ja, das wäre zu verstehen gewesen.

Trotz aller Skepsis des himmlischen Hofstaates blieb der Herr des Himmels und der Erde bei seinem Plan, gab klare Anweisungen und erteilte Aufträge an seine Untergebenen in der großen Himmelskonferenz, die er zur Rettung der Menschen einberufen hatte.

»Heilsplan«, unter diesem Titel hatte der Schöpfer und Erhalter der Welt seine Rettungsabsicht von Anbeginn der Zeit vorbereitet und von den Propheten und gottesfürchtigen Männern aufschreiben und verkünden lassen. Sie hätten es wissen können, im Himmel und auf Erden, dass Gott die Erlösung der Menschen plante, sodass sie wieder Vater zu ihm sagen könnten, wie er es als ihr Schöpfer von Anfang an bis in alle Ewigkeit sein wollte.

Der Stern hat es den Weisen, deren Weg

er aus fernen Landen bis hin zur Krippe ausgeleuchtet hat, gesagt und sie haben es geglaubt und sind ihm gefolgt. Und der Engel hat es den Hirten verkündigt. Der Lobgesang scholl weit über Felder und Wiesen. Und sie alle kamen zum Anbeten. Und du?

22 Gnadenbringende Weihnachtszeit

Schwarzen-Mutter faltete die Hände: »Herr, bewahre sie vor bösen Menschen. Lass sie wieder nach Hause kommen.«

Gekränkt und wütend hatte Sonja das Haus verlassen. Sollten sie doch mit ihrem ganzen Advents- und Weihnachtskram selig werden. Das half sowieso nicht im Alltag. Nur wegen einer Sechs in Mathe solch ein Theater zu machen: Hausarrest, das Taschengeld gestrichen und – was das Schlimmste war – der Einzug ihres Nintendo mit allen Spielen, die dazugehörten. Nur Schwarzen-Mutter – »Oma« hörte sie nicht so gerne – hatte sie verstanden. Mit ihrem Ausreißen wäre sie natürlich auch nicht einverstanden gewesen. Darum hatte Sonja auch nur Tschüs gesagt, als ob sie mal eben zur Freundin rüberginge, obwohl ihr Herz dabei geweint hatte.

Aber sollten sie mal spüren, wie es ist, wenn man nicht verstanden wird. Was konnte sie dafür, dass die alte Ötting sie nicht leiden konnte? Die lebte sowieso in einem anderen Universum. Jedenfalls nicht in Sonjas Welt mit Handy und PC. Und im Übrigen, wofür brauchte sie Mathe? Schlagersängerin oder Tierärztin, das waren ihre Berufswünsche. Aber das hatte noch Zeit, erst einmal wollte sie leben und Spaß haben.

Jesus hatte doch auch Spaß gehabt, oder? Wein hatte er einfach so aus Wasser gemacht, damit die Hochzeitsgesellschaft feiern konnte, obwohl die alle schon ganz schön was getrunken hatten. Jedenfalls hatte das der Kellermeister behauptet.

Der Jesus hätte sicher nicht solch einen Tanz wegen einer versemmelten Mathearbeit gemacht. Der war doch für die Benachteiligten und Ausgegrenzten in die Welt gekommen. Ja, der hätte sie verstanden.

Und nun war sie auf der Straße und wusste nicht, wohin. Ihre beste Freundin Imke hatte sie auch abgewiesen, als sie bei ihr geklingelt hatte, um erst mal bei ihr zu schlafen. Das gehe nun gar nicht, wo doch morgen Weihnachten sei, außerdem würden die Großeltern kommen und das Gästezimmer belegen. Und überhaupt, nach Weihnachten ja, aber doch nicht am Heiligen Abend.

Ziellos lief Sonja durch die Straßen. Wohin? Alle hatten sie verraten. Sie war ganz allein auf der Welt. Keiner verstand sie.

Warum sie ausgerechnet mit verheulten Augen dem Pastor in die Arme laufen musste, der sie vor ein paar Tagen mit »Fröhliche Weihnachten« vom Konfi in die Weihnachtsferien entlassen hatte?

Bei ihm weinte sie sich erst einmal aus. Dann nahm er sie mit ins Pfarrhaus zu einem Becher heißer Schokolade bei seiner

Frau. Dort ließ er die beiden eine ganze Weile allein und machte sich auf den Weg zu ihren Eltern und Schwarzen-Mutter.

Sonja hatte inzwischen allen Kummer ausgeweint und ausgeschimpft, was die Eltern und vor allem die alte Ötting betraf, und schaute schon wieder ganz hoffnungsvoll in die Welt. Den Weg nach Hause schaffte sie noch nicht allein, da begleitete sie die Frau des Pastors. Aber in der Christmette sang sie zwischen ihren Eltern und Schwarzen-Mutter bei »Oh du fröhliche, oh du selige, gnadenbringende Weihnachtszeit« kräftig mit. Und das mit der Gnade hat sie ernst gemeint.

Die Last der Geschenke

»Mutter, das hält der Baum nicht, das ist zu schwer.« Mutter sagte er immer zu ihr seit dem ersten Kind. Und nun war sie es auch für ihn geworden und entschied, was geht und was nicht geht, was hält und was nicht hält. Und halten musste der Baum. Das war seit ewigen Zeiten so; die Geschenke wurden an den Baum gehängt. Ja, früher, als es ein paar Kleinigkeiten gab, einen Apfel oder zwei, ein Marzipanbrot und vielleicht eine kleine Holzpuppe. Aber heute doch nicht, wo die Verpackung schon schwerer war als zu unserer Zeit die Geschenke. Er konnte nur den Kopf schütteln über so viel Unverstand. Aber sie liebte die Tradition: die Geschenke in den Weihnachtsbaum und dazu die alten Glaskugeln, noch von der Großmutter, und Lametta, obwohl das wegen seiner Umweltschädlichkeit längst aus der Mode gekommen war. Doch, die Geschenke gehörten in den Baum gehängt.

Und so hängte sie, alles hübsch verpackt mit Papier und Schleifchen. Der MP3-Player kam nach vorne, damit Kevin ihn gleich selber abnehmen könnte. Dass die Drittklässler mit den Dingern klarkamen, darüber musste sie sich immer wieder wundern. Die »coole Outdoorjacke«, wie der Enkel gesagt hatte, etwas zur Seite weiter nach unten an die starken Äste. Den Flachbildschirm für seinen Vater ganz nach hinten unten am Stamm aufgestützt auf den alten gusseisernen Tannenbaumfuß, auch aus dem Erbe der Großmutter. Er sollte ihn nicht gleich entdecken. Das Wellness-Paket, Gutschein für ein Wochenende im Hotel mit allem Drum und Dran, für Anita gegenüber, damit das Gleichgewicht des Baumes gehalten würde. Das neueste Musik-Album der »Irren Käfer«, Lieblings-Boygroup der Enkeltochter, wieder mehr nach oben. Ein paar Kleinigkeiten, was Großmütter zu Weihnachten so für nötig und nützlich halten, verteilte sie im Baum, immer darauf bedacht, dass es sowohl vom Gewicht als auch von der Optik passte. Schließlich sollte der Baum auch gefallen und weihnachtlichen Glanz ausstrahlen. Zum Schluss den Akkuschrauber für Opa Ewald mit Zusatzpaket: Sollte sie den nicht lieber unter den Baum legen? Aber da stand schon der Laptop für den Großen, den er fürs Gymnasium brauchte. Ach ja, die Enkel, was die alles brauchten heute, wenn sie an die eigene Schulzeit dachte.

Sie ließ die Arme sinken und überließ sich ein paar Augenblicke den Träumen der Erinnerung. Ein neues Puppenkleid, von der Mutter geschneidert, ein Paar selbst gestrickte Kniestrümpfe, vielleicht noch ein

Buch. Das war es dann aber auch schon, was in ihrem Kindheitsbaum hing. Das konnte die Fichte, vom Vater selbst aus dem Wald geholt, gut tragen. Aber heute … Mit einer forschen Handbewegung wischte sie die Träume weg und knüpfte den Akkuschrauber an den untersten Ast, ließ nach kurzem Zögern das schwere Geschenk los und allein baumeln. Dann trat sie einen Schritt zurück, um sich ihr Werk anzusehen.

Doch, so war es gut. Schnell noch die Kerzen in die Halter, echte Lichter mussten es sein, keine elektrischen. So war es immer gewesen. Bei der letzten Kerze, an der Spitze, nur vorne, damit man an Weihnachten besser nachstecken könnte, passierte es dann. Während sie noch auf der Leiter stand, neigte sich der Baum langsam zu ihr hin, und als sie ihn halten wollte, drehte er sich zur Seite und fiel mit einer eleganten Pirouette rauschend in die Stube. Die alte

Tradition hatte die neue Last der Geschenke nicht ausgehalten. Nun lagen sie gemeinsam am Boden, die Geschenke und die Tradition. Das Weihnachten der modernen Zeit passte nicht für die alten Formen.

Was nun? Als die Familie aus der Kirche kam – auch das war, seit sie denken konnte, schon bei ihren Großeltern so gewesen –, fand sie die alte Dame wortlos neben dem Christbaum auf der Erde sitzen und hilflos ein paar Lamettafäden einsammeln.

Dieser Heilige Abend begann nicht wie gewohnt mit Kartoffelsalat und Würstchen, sondern mit dem Aufräumen der Stube und dem Aufrichten des Baums, und das bedeutete zugleich das Wegräumen manch lieb gewordener Traditionen und das Aufrichten neuer Gepflogenheiten der Weihnacht. Erst danach sangen sie, wie immer vor dem Baum stehend, »Oh du fröhliche«. Die Geschenke lagen unter dem Baum auf der Erde.

Der Lobgesang der Maria

Als alle wieder gegangen waren, die Hirten zu ihrer nächtlichen Herde, die Weisen zurück zu ihren Kamelen ins Quartier, um sich für die Rückreise zu rüsten, die neugierigen, vom Stern und von den Hirten angelockten Nachbarn in ihre Häuser und der Wirt, der ihnen den Stall überlassen hatte, weil sonst kein Raum in der Herberge war, in seine Stube, und auch die Engel mitsamt den himmlischen Heerscharen in ihre unsichtbare Sphäre zurückgetreten waren; als wieder Ruhe und nächtlicher Friede im göttlichen Stall eingekehrt und Maria und Josef mit ihrem Kindlein und mit Ochs und Esel wieder allein waren, und es mag noch manch ein Mäuslein im Stroh, eine Spinne an der Balkendecke oder sonst ein Tierlein, vielleicht gar ein Floh dabei gewesen sein, von den Fledermäusen gar nicht zu reden – da seufzte Maria leise und erschöpft, aber dennoch vor Glück. Behaglich zog sie den Mantel, den ihr einer der Hirten geschenkt hatte, über die Schulter, nachdem sie sich noch einmal vergewissert hatte, dass das Jesuskind auch gut zugedeckt war, und rückte noch etwas näher an Josef heran, der ihr gutwillig Platz machte und sie mit seinem starken Arm an sich zog, damit sie es gut warm hätte.

»Schläfst du auch noch nicht?«, flüsterte sie leise.

»Nein, mir geht noch zu viel in Kopf und Sinn herum. Und du?«

»Ach Josef, ich kann auch nicht einschlafen.«

»Es war wohl auch ein bisschen viel, besonders für dich. Der lange Marsch von Galiläa bis Bethlehem, die Suche nach einem Quartier, das Kind und dann die vielen

Menschen …« Er brummte das alles mehr für sich in seinen Bart. Es war ihm ja auch alles viel zu aufregend gewesen. Er war nicht mehr der Jüngste und hätte nach dem langen Marsch auch lieber Ruhe gehabt und sich schlafen gelegt.

»Was ist das nur für eine Nacht, Maria.«

»Die ›Heilige Nacht‹ werden die Menschen sie später nennen.«

»Was hier wohl heilig ist? Der Stall, das Stroh, die Krippe, der kalte Wind, der durch alle Ritzen pfeift? Das ist alles andere als heilig. Im Gegenteil, es ist sehr unheilig, irdisch und menschlich hier, besser gesagt: unmenschlich.« Josef gähnte vor Müdigkeit und kroch noch etwas tiefer in sich und seine Decke hinein, ohne sich zu bewegen, um Maria nicht zu stören.

»Und doch hat alles ganz heilig angefangen. Erinnerst du dich noch, wie ich vom Besuch bei meiner Base Elisabeth zurückkam?«

»Und ob ich mich erinnere. Ich höre immer noch deinen Gesang.« Ganz still horchte Josef in sich und in den Stall hinein, aus dem es aus allen Winkeln wie mit Engelsstimmen zu ihm herüberwehte:

Meine Seele erhebt den Herrn,
und mein Geist freuet sich Gottes,
meines Heilandes.

Die Engel schienen noch einmal zurückgekommen zu sein, um die leisen Töne der Erinnerung in den Herzen von Maria und Josef jubelnd zu verstärken:

Meine Seele erhebt den Herrn …

Immer stärker wurde der Gesang und jubelnder und heller, bis er alle irdische Armseligkeit mit Kälte und Wind, Stroh und Krippe, Stall und Dunkelheit übertönte und in Gottes strahlendes Licht der Liebe einhüllte. Ein Licht, das selbst den Staub noch zu funkelnden Diamanten und Sternen macht, so wie überall und zu aller Zeit Gottes Licht und Liebe noch so dunkle und schuldbeladene menschliche Not in Hoffnung und Freundlichkeit verwandelt.

Als der letzte Ton verklungen und der Stall und ganz Bethlehem wieder in Nacht und Winter versunken waren und damit auch die dunklen Erinnerungen wieder Zutritt zu den Herzen der Menschen hatten, stand ein anderes Bild vor Josefs innerem Auge auf. Ein Bild, das ihm in den letzten Wochen immer wieder vor der Seele gestanden hatte und sich nicht zurückdrängen ließ. Er seufzte. Dann gab er sich einen Ruck und erzählte Maria von jener Nacht, als ihm der Engel des Herrn im Traum erschienen war und ihn davor bewahrt hatte, sie mit all der Not und auch all der Freude, die eine Schwangerschaft mit sich bringt – und diese besonders –, zu verlassen und alleinzulassen. Und er bekannte ihr, wie er sich in dieser Anfechtung immer wieder gegen jede Vernunft und Erfahrung an das Wort des Engels geklammert hatte:

> *Josef, du Sohn Davids, fürchte dich nicht, Maria, deine Frau, zu dir zu nehmen; denn was sie empfangen hat, das ist von dem heiligen Geist. Und sie wird einen Sohn gebären, dem sollst du den Namen Jesus geben, denn er wird sein Volk retten von ihren Sünden.*

»Fast schäme ich mich heute, dass ich dir und dem Wort des Engels so wenig vertraut habe«, schloss er seinen Bericht.

»Es ist ja auch nicht zu begreifen«, antwortete Maria ihm. »Deswegen werden die einen mich später zu einer sündlosen Heiligen machen, die sie verehren und anbeten können. Und die anderen werden sich an der Frage der Jungfrauengeburt zerstreiten. Sie werden sich nicht darauf einlassen wollen, dass Gott mit der Geburt unseres Kindes sich in Liebe und Barmherzigkeit zu ihnen herablässt, um sie aus ihrer Gottlosigkeit und Schuld, aus ihrer Hoffnungslosigkeit und Erbärmlichkeit zu erretten. Die Menschen werden die Zeit ihres Erdenlebens nicht als Chance nutzen, Gott zu finden, sondern sie werden ihre eigene Erkenntnis, ihre Intelligenz benutzen, um Gott abzusetzen. Sie werden sein wollen wie Gott und ihn, den Schöpfer und Vater, nicht akzeptieren. Sie werden nicht eher ruhen, bis sie auch das letzte Geheimnis Gottes, seiner Schöpfung und der Naturgesetze gelüftet und in ihre bescheidenen menschlichen Kategorien und Lehrpläne eingeordnet haben.

Sie werden unserem Kind, dem Messias,

dem Sohn Gottes, nicht glauben wollen. Josef, ich glaube, es ist alles umsonst. Ja, Gott ist umsonst Mensch geworden. Dein Traum, der Engel, der mir erschienen ist, die Geburt, der Stall, Bethlehem, der Jubelchor, die Hirten, alles … es ist umsonst.«

Ganz still hatte Josef zugehört. Behutsam strich er ihr über das Haar, so sacht, wie es mit seinen rauen Zimmermannshänden gehen mochte.

»Und der Gesang, Maria, und der Stern und die himmlischen Heerscharen und die Anbetung der Hirten und die Botschaft des Engels an sie draußen auf den Feldern bei den Schafen:

> *Fürchtet euch nicht! Siehe, ich verkündige euch große Freude, die allem Volk widerfahren wird; denn euch ist heute der Heiland geboren, welcher ist Christus, der Herr, in der Stadt Davids.*

War das alles nichts?«

Wieder war es ganz still im Stall. Man hörte nur das ruhige Atmen des Kindes und das behagliche Wiederkäuen des Ochsen. Da war er wieder, der Lobgesang der Maria. Ganz leise fing es an, bis es zu einem gewaltigen Chor anwuchs:

Meine Seele erhebt den Herrn …

Mit dem Engelchor war auch wieder göttlicher Friede in Marias Herz eingezogen. Noch oft würde sie in ihrem Leben diesen Lobgesang summen und singen müssen, wenn Zweifel und Sorge, dass doch alles umsonst gewesen sein könnte, die Oberhand gewinnen wollten vor der Gewissheit, dass es wahr ist und die Zusage des Engels Gottes Wirklichkeit ist; eine Wirklichkeit des Glaubens, die auch gegen Verstand und Realität menschlicher Sündhaftigkeit besteht und Hoffnungslosigkeit überwindet.

Noch lange klang der Lobgesang Maria im Herzen nach. Dort, wo sie alle die Worte dieses Abends hineingelegt hatte, um sie zu bewegen und zu bewahren, vermischten sich das Lob aus der Vergangenheit mit dem Glück der Gegenwart zu einem hoffnungsvollen Blick auf die Zukunft. Obwohl es um sie herum eher bescheiden und trostlos aussah, ließ sie sich in die Zusagen des Engels und die Anbetung der Hirten fallen. Ihr kamen die alten Worte des Propheten Jesaja in den Sinn, mit denen er vor langer Zeit das Kommen des Messias angekündigt hatte. Nun war er da: der Messias, der Erlöser, der Sohn Gottes. Nicht mit Macht und Gewalt von oben noch mit Pracht und Glanz aus der Herrlichkeit war er gekommen. Nein, unscheinbar, armselig und nackt wie alle Menschen war er in diese Welt getreten. Die Reichen, die Weisen, die Könige hatten ihn noch gar nicht gefunden. Das sollte auch in Zukunft so bleiben, dass die Klugen und Verständigen, die Mächtigen und Wohlhabenden ihn nicht erkennen würden, sondern die Einfältigen des Geistes und der Seele in ihm die Hoffnung der Welt und ihres eigenen Lebens und Sterbens finden würden.

»Es wird ein Reis aus dem Stamm Isai hervorgehen«, hatte Jesaja gesagt. Bescheiden und klein, ganz natürlich sollte er erscheinen. In nichts würde er sich von anderen Menschen, denen er Heil und Gerechtigkeit bringen sollte, unterscheiden. Der Geist Gottes, der ein Geist der Weisheit und des Verstandes, des Rates und der Stärke, der Erkenntnis und der Ehrfurcht ist, sollte ihn auszeichnen. So stand es in den alten Schriften bei Jesaja. Und auch diesen Geist sollte und wollte er nicht für sich behalten, sondern ihn weitergeben an alle, die sich auf ihn einlassen und ihre menschliche Klugheit der Weisheit Gottes unterordnen. Wie das wohl zugehen sollte?

»Du, Josef«, Maria stieß ihren Mann leicht an, »was mag Jesaja mit den Bildern wohl gemeint haben?«

Aber Josef schlief schon tief und fest im Vertrauen darauf, dass Gott schon wissen würde, wie das alles gehen sollte. Die Auslegung des prophetischen Wortes stand ihm ohnehin nicht zu. Das mochten Klügere versuchen und unter sich ausmachen. Seine Sache war es nicht. Er war da, wenn jemand Halt, Schutz und Anlehnung brauchte. Er stand daneben, aber nicht im Mittelpunkt. Da mochten andere ihren Platz haben. Ihm reichte es, dabei zu sein und zur Verfügung zu stehen. Nein, er hätte Maria bei der Beantwortung ihrer Frage ohnehin nicht helfen können.

Jesaja hatte wohl weit über diesen Tag, mit dem eine neue Zeitrechnung begann, hinausgeschaut bis zum weltweiten Friedensreich des Messias, so viel war Maria klar. Dennoch musste sie innerlich den Kopf schütteln über die Zukunftshoffnungen, die sich an die Geburt ihres Kindes knüpften. Wann das wohl sein mochte, dass dieses alles geschehen würde? Jedenfalls war in der Gegenwart des Stalls zu Bethlehem nichts, aber auch gar nichts davon zu spüren.

Sie wusste keine Antwort. Aber sie wollte der Zusage des göttlichen Boten und dem Wort des Propheten vertrauen, dass dieses alles zu seiner Zeit geschehen würde, wie bis zu dieser Nacht ja auch alles geschehen war, was der Engel gesagt hatte. Mit dieser Glaubensgewissheit schlief sie endlich ein.